国家基本职业培训包（指南包 课程包）

家政服务员

（试行）

人力资源和社会保障部职业能力建设司编制

中国劳动社会保障出版社

图书在版编目（CIP）数据

家政服务员：试行/人力资源和社会保障部职业能力建设司编制. --北京：中国劳动社会保障出版社，2017
（国家基本职业培训包：指南包　课程包）
ISBN 978 – 7 – 5167 – 1096 – 8

Ⅰ.①家…　Ⅱ.①人…　Ⅲ.①家政服务–职业培训–教学参考资料　Ⅳ.①TS976.7

中国版本图书馆 CIP 数据核字（2017）第 282530 号

中国劳动社会保障出版社出版发行
（北京市惠新东街 1 号　邮政编码：100029）
*
北京谊兴印刷有限公司印刷装订　新华书店经销

880 毫米 ×1230 毫米　16 开本　11.75 印张　222 千字
2017 年 11 月第 1 版　　2020 年 7 月第 2 次印刷
定价：38.00 元

读者服务部电话：（010）64929211/84209101/64921644
营销中心电话：（010）64962347
出版社网址：http://www.class.com.cn

编 制 说 明

为贯彻落实《中华人民共和国国民经济和社会发展第十三个五年规划纲要》提出的“实行国家基本职业培训包制度”的要求，按照《人力资源和社会保障部办公厅关于推进职业培训包工作的通知》（人社厅发〔2016〕162号）的部署安排，“十三五”期间，组织开发培训需求量大的100个左右国家基本职业培训包，指导开发100个左右地方（行业）特色职业培训包。到“十三五”末，力争全面建立国家基本职业培训包制度，普遍应用职业培训包开展各类职业培训。在征求各地培训需求的基础上，经调研论证，人力资源和社会保障部组织有关行业专家编制了首批中式烹调师等10个职业的国家基本职业培训包。

国家基本职业培训包是集培养目标、培训要求、培训内容、课程规范、考核大纲、教学资源等为一体的职业培训资源总合，是职业培训机构对劳动者开展政府补贴职业培训服务的工作规范和指南，对于加强职业培训规范化、科学化管理，促进职业培训与就业需求有效衔接，推行终身职业培训制度具有积极作用。

此次编制的中式烹调师等10个职业的国家基本职业培训包遵循《职业培训包开发技术规程（试行）》的要求，依据国家职业技能标准或企业岗位技术规范，结合新经济、新产业、新职业发展编制，力求客观反映现阶段本职业（工种）的技术水平、对从业人员的要求和职业培训教学规律。

《国家基本职业培训包（指南包　课程包）——家政服务员（试行）》是在

各有关专家的共同努力下完成的。参加编写的主要人员有徐杰、黄欣凌、邵汉清、王君、倪爱清、董茂萍、陆应芳、钱冬青、王铁丽、陆艳丽、王方，参加审定的主要人员有张国荣、吕成鹰、李成飞、吴晓京、夏明盟、魏欣、沈婕、周全，在编制过程中得到了江苏省盐城技师学院、湖南女子学院、北京中青家政有限公司、重庆新家道公司等有关单位的大力支持，在此一并致谢。

目 录

1 指 南 包

2 课 程 包

附录 培训要求与课程规范对照表

1

指南包

1.1 职业培训包使用指南

1.1.1 职业培训包结构与内容

家政服务员职业培训包由指南包、课程包、资源包三个子包构成，结构如图 1 所示。

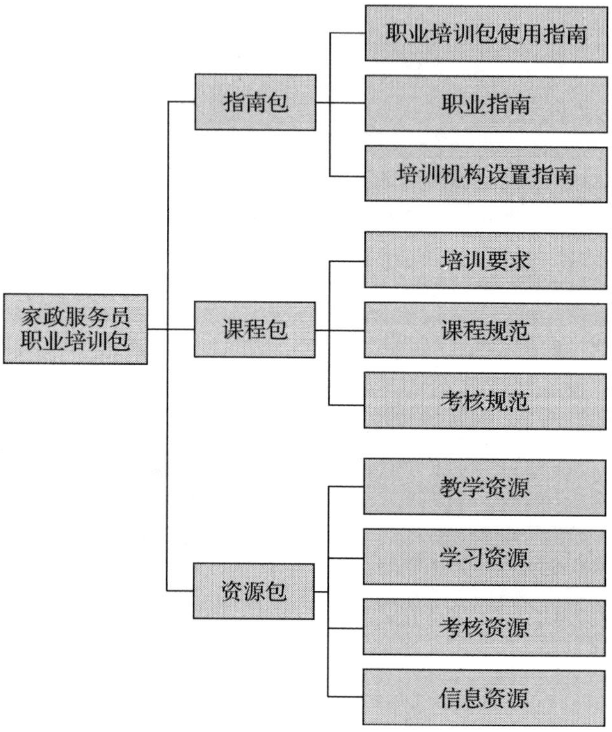

图 1　职业培训包结构图

指南包是指导培训机构、培训教师与学员开展职业培训的服务性内容总合，包括培训包使用指南、职业指南和培训机构设置指南。培训包使用指南是培训教师与学员了解职业培训包内容、选择培训课程、使用培训资源的说明性文本；职业指南是对职业信息的概述；培训机构设置指南是对培训机构开展职业培训提出的具体要求。

课程包是培训机构与教师实施职业培训、培训学员接受职业培训必须遵守的规范总合，包括培训要求、课程规范、考核规范。培训要求是参照国家职业技能标准、结合职业岗位工作实际需求制定的职业培训规范。课程规范是依据培训要求、结合职业培训教学规律，对课程设置、培训学时、课程内容与培训方法等所做的统一规定；考核规范是针对课程规范中所规定的课程内容开发的，能够科学评价培训学员过程性学习效果与终结性培训成果的规则，是客观衡量培训学员职业基本素质与职业技能水平的标准，也是实施职业培训过程性与终结性考核的依据。

资源包是依据课程包要求，基于培训学员特征，遵循职业培训教学规律，应用先进职业培训课程理念，开发的多媒介、多形式的职业培训与考核资源总合，包括教学资源、学习资源、考核资源和信息资源。教学资源是为培训教师组织实施职业培训教学活动提供的相关资源；学习资源是为培训学员学习职业培训课程提供的相关资源；考核资源是为培训机构和教师实施职业培训考核提供的相关资源；信息资源是为培训教师和学员拓展视野提供的体现科技进步、职业发展的相关动态资源。

1.1.2 培训课程体系介绍

家政服务员职业培训课程体系依据职业技能等级分为职业基本素质培训课程、初级职业技能培训课程、中级职业技能培训课程、高级职业技能培训课程和技师职业技能培训课程，每一类课程有模块、课程和学习单元三个层级。家政服务员职业培训课程体系均源自本职业培训包课程包中的课程规范，以学习单元为基础，形成职业层次清晰、内容丰富的“培训课程超市”。

职业培训课程学时分配一览表

职业技能等级	课堂学时			其他学时	培训总学时
	职业基本素质培训课程	职业技能培训课程			
初级	24	照顾孕产妇与新生儿	80	46	150
		照护婴幼儿	76	50	
		照护老年人	68	58	
		照护病人	72	54	
中级	16	照顾孕产妇与新生儿	60	74	150
		照护婴幼儿	44	90	
		照护老年人	48	86	
		照护病人	52	82	
高级	12	照顾孕产妇与新生儿	72	66	150
		照护婴幼儿	64	74	
		照护病人	52	86	
技师	0	148		52	200

注：课堂学时是指培训机构开展的理论课程教学及实操课程教学的建议最低学时数。除课堂学时外，培训总学时还应包括岗位实习、现场观摩、自学自练等其他学时。

家政服务员初级、中级和高级职业技能培训课程采用“3+1”的培训模式。初级职业技能培训课程在“制作家庭餐”“洗涤与收纳衣物”“清洁家居”3个模块培训基础上，从“照护孕产妇与新生儿”“照护婴幼儿”“照护老年人”“照护病人”模块中任选其一进行培训；中级职业技能培训课程在“制作家庭餐”“洗烫衣物”“保洁家居”3个模块培训基础上，从“照护孕产妇与新生儿”“照护婴幼儿”“照护老年人”“照护病人”模块中任选其一进行培训；高级职业技能培训课程在“制作家庭餐”“美化家居”和“培训指导与管理”3个模块培训基础上，从“照护孕产妇与新生儿”“照护婴幼儿”“照护病人”模块中任选其一进行培训。

（1）职业基本素质培训课程

模块	课程	学习单元	课堂学时
1．职业道德和职业守则	1–1　职业道德和职业守则	（1）职业认知	1
		（2）职业道德规范和职业守则	3
2．择业与就业常识	2–1　择业与就业常识	（1）择业与就业常识	1
		（2）择业与就业的注意事项	1
3．社交礼仪常识	3–1　基本礼仪	（1）日常交际礼仪	2
	3–2　家庭人际关系的认知与处理	（1）家庭人际关系的认知与处理	2
	3–3　家庭服务礼仪	（1）家庭日常服务礼仪	1
		（2）尊重生活习俗	2
		（3）尊重宗教信仰	1
4．安全常识	4–1　职业安全防护常识	（1）家政服务员的职业安全防护常识	1
	4–2　家庭安全常识	（1）家庭防火、防盗抢常识	1
		（2）家庭用水、用电及网络安全常识	1
		（3）安全救护常识	1
5．卫生常识	5–1　个人卫生常识	（1）个人卫生常识	1
	5–2　饮食卫生常识	（1）饮食卫生常识	2
	5–3　居家环境卫生、安全常识	（1）居家环境卫生、安全常识	1
6．相关法律法规知识	6–1　相关法律法规知识	（1）相关法律法规知识	2
课堂学时合计			24

注：本表所列为初级职业基本素质培训课程，其他等级职业基本素质培训课程按“家政服务员职业培训课程学时分配一览表”中相应的课堂学时要求进行必要的调整。

（2）初级职业技能培训课程

模块	课程	学习单元	课堂学时
1．制作家庭餐	1–1　加工配菜	（1）原料采购	1
		（2）原料加工成形	2
		（3）初加工时令蔬菜	1
		（4）初加工动物性原料	2

续表

模块	课程	学习单元	课堂学时
1. 制作家庭餐	1-1　加工配菜	（5）初加工鱼、虾类食材	1
		（6）保鲜、冷冻、解冻食物原料	1
	1-2　烹制膳食	（1）调制单一味和复合味	2
		（2）制作凉菜	2
		（3）制作主食	4
		（4）制作菜肴	8
		（5）制作汤食	4
2. 洗涤与收纳衣物	2-1　洗涤衣物	（1）衣物洗涤准备	2
		（2）手洗衣物	2
		（3）机洗衣物	1
	2-2　收纳衣物	（1）衣物的干燥	1
		（2）衣物的折叠、整理、收纳及防霉、防蛀	2
3. 清洁家居	3-1　清洁居室	（1）清洁家居基础知识	1
		（2）清洁门窗与玻璃	3
		（3）清洁居室墙面	2
		（4）清洁居室地面	2
	3-2　清洁家居用品	（1）清洁厨具、灶具、餐饮用具	3
		（2）清洁家用电器	2
		（3）清洁家具	2
		（4）清洁、消毒卫生洁具	1
4. 照护孕产妇与新生儿	4-1　照护孕妇	（1）制作孕妇膳食	3
		（2）照护孕妇盥洗、沐浴、更衣	2
		（3）陪同孕妇出行	1
		（4）为孕妇做产前准备	2
	4-2　照护产妇	（1）制作产妇膳食	3
		（2）照护产妇盥洗、沐浴、更衣	2
		（3）指导产妇喂哺新生儿	2
		（4）填写照护产妇工作日志	1

续表

模块	课程	学习单元	课堂学时
4．照护孕产妇与新生儿	4–3　照护新生儿	（1）抱、放新生儿	1
		（2）穿脱、洗涤衣物	1
		（3）冲调奶粉	1
		（4）给新生儿喂奶、喂水	1
		（5）预防和处理新生儿呛奶、呛水	2
		（6）清洗、消毒奶具	2
		（7）照护新生儿盥洗、沐浴	4
5．照护婴幼儿	5–1　照护膳食	（1）清洁、消毒膳食器具	1
		（2）冲调奶粉	1
		（3）制作辅食	4
		（4）给婴幼儿喂奶、喂水、喂食	2
	5–2　照护起居	（1）抱、领婴幼儿	1
		（2）为婴幼儿穿脱并洗涤衣物	1
		（3）清洁、消毒婴幼儿玩具与用品	1
		（4）照护婴幼儿盥洗、沐浴	1
		（5）婴幼儿抚触	4
		（6）照护婴幼儿二便	2
		（7）训练婴幼儿“三浴”	2
		（8）照护婴幼儿睡眠	1
		（9）为婴幼儿测量体温	1
		（10）预防婴幼儿意外伤害	2
6．照护老年人	6–1　照护膳食	（1）制作主食	2
		（2）制作菜肴	3
		（3）制作汤羹	2
		（4）照护老年人进食、进水	1
	6–2　照护起居	（1）照护老年人盥洗	2
		（2）照护老年人沐浴、更衣	2
		（3）测量体温	1
		（4）测量血压	2
		（5）陪伴老年人外出	1

续表

模块	课程	学习单元	课堂学时
7．照护病人	7–1　照护膳食	（1）制作膳食	3
		（2）病人进食、进水的护理	1
		（3）病人膳食用具的清洁、消毒、收纳	2
	7–2　照护起居	（1）照护病人盥洗	2
		（2）照护病人洗头、擦浴、翻身、更换衣物	3
		（3）照护病人二便	2
		（4）测量生命体征	2
		（5）照护病人服药	1
		（6）照护病人使用轮椅	1
		（7）照护病人使用拐杖	2
		（8）陪伴病人就诊	1
课堂学时合计 （照料孕产妇与新生儿 / 照料婴幼儿 / 照护老年人 / 照护病人）			80/76/68/72

（3）中级职业技能培训课程

模块	课程	学习单元	课堂学时
1．制作家庭餐	1–1　加工配菜	（1）制作馅料	1
		（2）水发干制植物性原料	1
		（3）码味、拍粉、上浆、挂糊	1
		（4）菜肴勾芡	1
	1–2　烹制膳食	（1）冷菜拼盘	2
		（2）制作主食	4
		（3）烹制菜肴	10
2．洗烫衣物	2–1　洗涤衣物	（1）洗涤羽绒类衣物	1
		（2）洗涤丝绸类衣物	1
		（3）洗涤毛织品衣物	2
	2–2　熨烫衣物	（1）熨烫衣物	4

续表

模块	课程	学习单元	课堂学时
3．保洁家居	3–1 保洁家居设施	（1）保洁设备的使用与保养	1
		（2）保洁居室装饰墙面	2
		（3）保洁居室地板	1
	3–2 保洁家居用品	（1）清洁、养护皮革类家居用品	1
		（2）清洁、养护板式家具	1
		（3）清洁、养护厨房操作台面	1
		（4）清洁、养护挂毯和地毯	1
4．照护孕产妇与新生儿	4–1 照护孕妇	（1）制作孕妇营养膳食	3
		（2）乳房护理	1
		（3）指导孕妇进行安全自护	1
	4–2 照护产妇	（1）制作产妇膳食	8
		（2）乳房护理	1
		（3）吸奶器的使用	1
		（4）产妇形体恢复操	3
	4–3 照护新生儿	（1）给新生儿喂药	1
		（2）照护新生儿二便	2
		（3）给新生儿做抚触	3
5．照护婴幼儿	5–1 照护膳食	（1）制作膳食	4
	5–2 照护起居	（1）给婴幼儿说儿歌、讲故事	2
		（2）训练婴幼儿抬头、翻身	1
		（3）训练婴幼儿坐、爬、站立、行走	1
6．照护老年人	6–1 料理膳食	（1）制定日常食谱	2
		（2）制作主食	2
		（3）制作菜肴	2
		（4）制作汤羹	2
	6–2 照护起居	（1）与老年人交流并疏导不良情绪	2
		（2）指导老年人进行休闲、娱乐	2

续表

模块	课程	学习单元	课堂学时
7．照护病人	7–1　料理膳食	（1）制作治疗膳食	3
		（2）制作管灌膳食	2
		（3）鼻导管喂食	1
	7–2　照护起居	（1）与病人进行情感交流	2
		（2）疏导不良情绪	1
		（3）口腔护理	1
		（4）更换床单、被褥	2
		（5）冷敷护理	1
		（6）热敷护理	1
		（7）煎服中草药	2
课堂学时合计 （照护孕产妇与新生儿 / 照护婴幼儿 / 照护老年人 / 照护病人）			60/44/48/52

（4）高级职业技能培训课程

模块	课程	学习单元	课堂学时
1．制作家庭餐	1–1　加工配菜	（1）拼摆复合水果拼盘	4
		（2）加工海鲜类食物原料	3
		（3）油发干制食物原料	2
		（4）调制醋椒味、鱼香味	1
	1–2　烹制膳食	（1）制作汤羹	2
		（2）制作茸胶菜品	2
		（3）烹制菜肴	6
		（4）制作糕点	4
		（5）研磨咖啡豆并冲煮咖啡	2
2．美化家居	2–1　美化居室	（1）花材的分类与选择	2
		（2）插摆花卉	4
		（3）摆放家具和饰品	1
	2–2　美化庭院	（1）花木养护	1
		（2）修剪庭院草坪与绿篱	1
		（3）摆放和养护庭院绿植	1

续表

模块	课程	学习单元	课堂学时
3．照护孕产妇与新生儿	3-1　照护孕妇	（1）制作营养膳食	3
		（2）指导孕妇胎教	1
		（3）疏导孕妇不良情绪	2
		（4）妊娠期常见疾病的表现与护理	2
	3-2　照护产妇	（1）制作催乳膳食	4
		（2）按摩乳房、疏通乳腺管	4
		（3）处置产妇乳头凹陷和皲裂	2
		（4）照护产妇恶露	1
		（5）照护产后伤口	1
		（6）疏导产妇不良情绪	2
	3-3　照护新生儿	（1）照护患黄疸的新生儿	2
		（2）照护体重异常的新生儿	2
		（3）发现并应对新生儿的异常情况	2
4．照护婴幼儿	4-1　功能训练	（1）婴幼儿大动作训练	4
		（2）婴幼儿语言训练	2
		（3）婴幼儿生活自理能力训练	2
		（4）婴幼儿认知能力训练	2
	4-2　照护起居	（1）制订婴幼儿日间照护计划	2
		（2）婴幼儿计划免疫	2
		（3）发现并应对婴幼儿异常情况	2
		（4）照护患常见病的婴幼儿	2
		（5）婴幼儿意外伤害的处理	2
5．照护病人	5-1　康复护理	（1）给瘫痪病人做康复训练	2
		（2）压疮的护理	2
	5-2　心肺复苏技术	（1）心肺复苏技术	4
6．职业指导与管理	6-1　职业培训	（1）培训初级、中级家政服务员	4
		（2）评估家政服务员工作绩效	4
课堂学时合计（照护孕产妇与新生儿 / 照护婴幼儿 / 照护病人）			72/64/52

（5）技师职业技能培训课程

模块	课程	学习单元	课堂学时
1．料理家宴	1–1　家宴准备	（1）家宴及家宴方案基本知识	1
		（2）编制中餐家宴方案	2
		（3）编制西餐家宴方案	2
		（4）依据家宴方案准备家宴用品	2
		（5）依据家宴主题进行环境布置	2
		（6）中餐宴席摆台	2
		（7）西餐宴席摆台	2
		（8）餐巾折花	3
	1–2　家宴服务	（1）依据家宴方案制作中式菜肴	4
		（2）制作西式餐点	8
		（3）调制宴会饮品	6
		（4）进行宴席服务	2
2．家政管理	2–1　家庭事务管理	（1）应用信息化技术管理家庭事务	4
		（2）分类整理家庭档案资料	2
		（3）管理家庭日常财务收支	4
		（4）拟订家庭成员健康膳食管理计划	4
		（5）制定家政服务岗位规范并实施岗位分类管理	2
	2–2　休闲娱乐管理	（1）编制家庭出行计划	1
		（2）根据出行计划进行出行准备	2
		（3）安排来访客人的行程	2
		（4）陪同雇主或访客出行	2
		（5）制定家庭休闲娱乐方案	1
		（6）提供家庭休闲娱乐服务	4
3．美化家居	3–1　美化居室	（1）居室美化基础知识	4
		（2）居室功能性美化	4
		（3）根据家庭成员需求美化居室	4

续表

模块	课程	学习单元	课堂学时
3．美化家居	3-1　美化居室	（4）根据风格结合居住者喜好美化居室	2
		（5）居室清洁质量评估	3
		（6）居室美化质量评估	3
	3-2　美化庭院	（1）制定庭院美化方案	8
		（2）种植与养护景观草坪	8
		（3）栽培、移植、养护庭院花木	8
		（4）庭院盆景养护技术	4
4．家教辅助	4-1　婴幼儿教育辅助	（1）开发婴幼儿智力	4
		（2）培养婴幼儿品格	4
		（3）培养婴幼儿的社会交往能力	4
	4-2　学龄前儿童教育辅助	（1）学龄前儿童言行特点及科学训练	4
		（2）学龄前儿童社会交往能力发展特点及科学训练	4
		（3）培养学龄前儿童学习习惯	4
5．培训指导与管理	5-1　培训评估	（1）编制家政服务员培训质量评估计划	4
		（2）组织实施家政服务员培训质量评估	4
	5-2　岗位管理	（1）编制家政服务员岗位管理规范	2
		（2）依据家政服务员岗位管理规范进行岗位督导	2
课堂学时合计			148

1.1.3　培训课程选择指导

职业基本素质培训课程为必修课程，相当于本职业的入门课程。各级别职业技能培训课程由培训机构教师根据培训学员实际情况，遵循高级别涵盖低级别的原则进行选择。

原则上，初入职的培训学员应学习职业基本素质培训课程和初级职业技能培训课程的全部内容，有职业技能等级提升需求的培训学员，可按照国家职业技能标准的“鉴定要求”，对照自身需求选择更高等级的培训课程。

具有一定从业经验、无职业技能等级晋升要求的培训学员，可根据自身实际自主选择本职业培训课程。具体方法为：（1）选择课程模块；（2）在模块中筛选课程；（3）在课程中筛选学习单元；（4）组合成本次培训的整个课程。

培训教师可以根据以上方法对培训学员进行单独指导。对于订单培训，培训教师可以按照如上方法，对照订单要求进行培训课程的选择。

1.1.4 各类资源使用说明

（待各类资源开发完成后补充。）

1.2 职业指南

1.2.1 职业描述

家政服务员是指从事家务料理、家庭成员照护、家庭事务管理等工作的人员。

1.2.2 职业培训对象

家政服务员职业培训的对象主要包括：城乡未继续升学的应届初高中毕业生、农村转移就业劳动者、城镇登记失业人员、转岗转业人员、退役军人、企业在职职工和高校毕业生等各类有培训需求的人员。

1.2.3 就业前景

随着国民经济实力的不断提升，人口老龄化进程的加快，家庭功能不断外溢到社会，我国的家政服务行业在政策和市场的双推动下，已成为极具发展潜力、充满发展前景的朝阳行业。家政服务员的工作岗位有家政服务员、母婴护理员、育婴员、养老护理员、病患护理员与保洁员等。

1.3 培训机构设置指南

1.3.1 师资配备要求

（1）培训教师任职基本条件

1）培训初级、中级家政服务员的教师应具备本职业或从事本职业满 2 年，或本职业高级及以上技能等级认证，或相关专业技术职务高级及任职资格，高级及以上职业资格证书。

2）培训高级家政服务员或家政服务员技师的教师应具有本职业技师职业资格证书，或本职业技师技能等级认证，或相关专业技术、职务技师任职资格。

（2）培训教师数量要求（以 20 人培训班为基准）

1）理论课教师：1 人及以上；培训规模超过 40 人的，按教师与学员之比不低于 1∶40 配备教师。

2）实习指导教师：1 人及以上；培训规模超过 20 人的，按教师与学员之比不低于 1∶20 配备教师。

1.3.2 培训场所设置配置要求

培训场所设备配置要求如下（以 20 人培训班为基准）：

（1）理论知识培训场所设备配置要求：60 ～ 80 平方米标准教室，多媒体教学设备（计算机、投影仪、幕布或显示屏、网络接入设备、音响设备）、黑板、40 套以上桌椅，符合照明、通风、安全等相关规定。

（2）操作技能培训场所设备配置要求：实习工位充足，设备设施配套齐全，符合环保、劳保、安全、卫生、消防、通风和照明等相关规定。初级、中级、高级、技师家政服务员培训应配置 10 个操作场所或功能区，包括厨房、卫生间、客厅、餐厅、书房、庭院，以及 4 个居室。

实训用具及其他物品、材料等配置要求如下（按标准培训班 20 人配备）：

功能区	建议面积（平方米）	设备、设施	其他用品、材料
厨房	20～30	燃气灶5台、油烟机5台、微波炉3台、电饭煲3台、高压锅3台、蒸笼3套、烤箱3台、冰箱1台、消毒柜1台、水池	砧板5块、厨具（碗、盘、碟等若干）、炒锅5只、汤锅5只、砂锅5只、铲子5把、勺子5把、刀叉若干、酒水具若干、水桶3个、斩切器具5套、剪刀5把、电动煎药锅3只、奶具消毒锅3只、洗洁精3瓶、抹布若干、调味品（油、盐、酱、醋、糖、味精、料酒等）若干、鸡蛋若干、肉类若干、禽类若干、鱼虾类若干、蔬菜若干、大米若干、面粉若干、五谷杂粮若干
卫生间	10	盥洗台、洗衣机1台、蹲坐器1只、矮凳子1张	洗衣液3瓶、清洁剂3瓶、消毒液3瓶、抹布若干、马桶刷3把、洗脸盆3只、洗脚盆3只、大毛巾若干、小毛巾若干、洗发水3瓶、沐浴露3瓶、洁面乳3瓶、香皂3块、润肤油3瓶、护肤霜3瓶、剃须刀3把、梳子3把、棉签若干、热水瓶3只、吹风机3个、塑料布若干、牙刷3把、牙膏3支、漱口杯3只、婴幼儿用小方巾若干、婴幼儿用大毛巾若干、婴幼儿洗脸盆3只、婴幼儿洗脚盆3只、婴幼儿沐浴露3瓶、婴幼儿洗发水3瓶、水温计3个、婴幼儿浴盆3只、婴幼儿浴巾3块、护臀膏3瓶
客厅	20～30	地板砖地面、布艺沙发1张、皮沙发1张、木沙发1张、立式空调1台、柜式空调1台、壁挂数字电视机1台、吸尘器3个、扫地机3个、蒸汽熨斗5只、挂烫机3个、烫衣板5只、盆景3盆、绿篱剪1把、草坪机1台	拖把5把、扫帚5把、鸡毛掸子5把、抹布若干、玻璃清洁器5个、客厅方毯子1块、各种挂件若干、画品若干、墙饰若干、纸巾若干、毛衣若干、西服3套、衬衫3件、领带3根、套裙3套、连衣裙3件、羽绒服3件、衣服架子若干
餐厅	10～20	餐桌1张、餐椅6把、咖啡机1台、饮水机1台	各种花材若干、花瓶5个、花盆5个、花泥若干、剪刀5把、花剪5把、台布若干、餐巾若干、咖啡若干、食品若干
书房	10	写字台1张、电脑桌1张、电脑1台、柜子1个	记账本若干、笔若干、书籍若干、报纸若干、孕产妇照护工作日志若干

续表

功能区	建议面积（平方米）	设备、设施	其他用品、材料
居室 1——婴幼儿	15 ~ 20	实木地板地面、大床 1 张、婴儿床 1 张、抚触台 5 个、婴儿仿真娃娃（软，5 个）、婴儿仿真娃娃（硬，5 个）	奶瓶 5 个、小勺子 5 把、小碗 5 个、饭巾 5 块、尿布若干、尿不湿 1 包、婴幼儿坐便器 5 个、卫生纸若干、水银体温表 5 支、电子体温计 5 支、治疗盘 5 个、弯盘 5 个、婴儿开衫 5 套、套头衫 5 套、连体衣 5 套、小毛巾若干、便盆 5 只、爽身粉 5 瓶、润滑油 5 瓶、抚触油 5 瓶、指甲剪 5 把、颜色卡片若干、认知类卡片若干、婴幼儿玩具若干
居室 2——孕产妇	15 ~ 20	床一张、成人模型 1 个、婴儿仿真娃娃 5 个、衣橱 1 个	成人睡衣 5 套、成人换洗衣物（开襟衣服 5 套、套头衣服各 5 套）、奶瓶 5 个、奶瓶刷 5 把、奶瓶清洁剂 3 瓶、奶粉 1 罐、新生儿汤勺 5 把、包被 5 个、尿不湿 1 包、婴儿衣服各 5 套（套头、连体）、消毒棉签若干、75% 酒精 1 瓶
居室 3——老年人	15 ~ 20	床一张、成人模型 1 个、床旁椅 1 张	水银体温计 5 支、电子体温计 5 支、水银血压计 5 台、电子血压计 5 台、出行行李包 3 个、老年人开襟、套头衣服各 5 套、指甲剪 5 把、指甲锉 5 把
居室 4——病人	15 ~ 30	成人模型 1 个、矮凳子 1 个、坐浴椅 1 把、鹅颈灯 1 盏、屏风 1 个、无菌坐浴盆 1 只	轮椅 1 个、拐杖 3 把、便盆 3 只、水银体温计 5 支、电子体温计 5 支、汞柱式血压计 5 台、听诊器 5 个、洗脸盆 3 只、接水盆两个、剃须刀 3 把、小水壶 3 只、吹风机 3 个、垃圾桶 1 个、漱口杯 3 个、床上用品（床单、被罩、枕套、棉被）各两套、换洗衣裤两套、扫床刷 3 把、漏网 3 个、药杯 3 个、水温计 3 个、量杯 3 个、毛巾若干、香皂 3 块、护肤霜 3 瓶、凡士林 3 瓶、吸管若干、棉球若干、棉棒若干、塑料布若干、纱布若干、一次性尿垫 1 包、卫生纸若干、无菌注射器若干、鼻饲液若干、鼻饲管若干、别针若干、橡皮筋或调节夹若干、冰袋 3 个、冰帽 3 个、海绵垫 3 个、引水管若干、热水袋 3 个、热水袋布套 3 个
庭院	10 ~ 20	割草机 1 台	绿植、花卉若干

1.3.3 教学资料配备要求

（1）培训规范：《家政服务员国家职业技能标准》《家政服务员职业基本素质培训要求》《家政服务员职业技能培训要求》《家政服务员职业基本素质培训课程规范》《家政服务员职业技能培训课程规范》《家政服务员职业基本素质培训考核规范》《家政服务员职业技能培训理论知识考核规范》《家政服务员职业技能培训操作技能考核规范》。

（2）教学资源：教材教辅、网络资源等内容必须符合“（1）培训规范”。

1.3.4 管理人员配备要求

（1）专职校长：1 人，应具有大专及以上文化程度、中级及以上专业技术职务任职资格，从事职业技术教育及教学管理 5 年以上，熟悉职业培训的有关法律法规。

（2）教学管理人员：1 人以上，专职不少于 1 人；应具有大专及以上文化程度、中级及以上专业技术职务任职资格，从事职业技术教育及教学管理 5 年以上，具有丰富的教学管理经验。

（3）办公室人员：1 人以上，应具有大专及以上文化程度。

（4）财务管理人员：2 人，应具有大专及以上文化程度。

1.3.5 管理制度要求

应建立完备的管理制度，包括办学章程与发展规划、教学管理、教师管理、学员管理、财务管理、设备管理等制度。

2

课程包

2.1 培训要求

2.1.1 职业基本素质培训要求

职业基本素质模块	培训内容	培训细目
1．职业道德和职业守则	1–1　职业道德和职业守则	（1）家政服务员的职业定义与职业定位 （2）家政服务员的职业道德规范 （3）家政服务员的职业守则
2．择业与就业常识	2–1　择业与就业常识	（1）家政服务员择业的基本方法 （2）家政服务员择业与就业的注意事项
3．社交礼仪常识	3–1　基本礼仪	（1）礼仪的含义 （2）家政服务员的日常交际礼仪要求
	3–2　家庭人际关系的认知与处理	（1）家庭人际关系的认知 （2）家政服务员与雇主相处的原则 （3）家庭人际关系的处理技巧
	3–3　家庭服务礼仪	（1）家庭日常服务礼仪 （2）尊重生活习俗和宗教信仰
4．安全常识	4–1　职业安全防护常识	（1）职业安全的概念 （2）家政服务员的职业安全防护常识
	4–2　家庭安全常识	（1）家庭防火、防盗抢常识 （2）家庭安全用水、用电常识 （3）网络安全常识 （4）安全救护常识
5．卫生常识	5–1　个人卫生常识	（1）保持个人卫生的重要性 （2）个人卫生要求
	5–2　饮食卫生常识	（1）养成良好的卫生饮食习惯和行为 （2）采买环节的卫生要求 （3）加工环节的卫生要求 （4）烹调和食用环节的卫生要求 （5）食物储藏环节的卫生要求
	5–3　居家环境卫生、安全常识	（1）居家环境卫生要求 （2）居家环境安全要求 （3）家居保洁要求

续表

职业基本素质模块	培训内容	培训细目
6．相关法律法规知识	6-1　相关法律法规知识	（1）《中华人民共和国劳动法》相关知识 （2）《中华人民共和国劳动合同法》相关知识 （3）《中华人民共和国消费者权益保护法》相关知识 （4）《中华人民共和国妇女权益保障法》相关知识 （5）《中华人民共和国老年人权益保障法》相关知识 （6）《中华人民共和国未成年人保护法》相关知识

2.1.2　初级职业技能培训要求

职业功能模块	培训内容	技能目标	培训细目
1．制作家庭餐	1-1　加工配菜	1-1-1　能采购原料	（1）选购植物性烹饪原料 （2）选购动物性烹饪原料 （3）选购水产类烹饪原料
		1-1-2　能将食物原料加工成形	（1）将食物原料加工成丁 （2）将食物原料加工成片 （3）将食物原料加工成块 （4）将食物原料加工成段或条 （5）将食物原料加工成丝 （6）将食物原料加工成茸
		1-1-3　能初加工时令蔬菜	（1）对不同种类的蔬菜进行初加工
		1-1-4　能初加工动物性原料	（1）对不同的肉类食材进行初加工
		1-1-5　能加工鱼、虾等食物原料	（1）对鱼、虾类食材进行初加工
		1-1-6　能对食物原料进行保鲜、冷冻、解冻处理	（1）食物原料的保鲜 （2）食物原料的冷冻 （3）食物原料的解冻
	1-2　烹制膳食	1-2-1　能调制单一味和复合味	（1）调制 5 种单一味 （2）调制 4 种复合味
		1-2-2　能制作单一主料凉菜	（1）制作 3 种以上凉菜

续表

职业功能模块	培训内容	技能目标	培训细目
1．制作家庭餐	1-2　烹制膳食	1-2-3　能运用蒸、煮烹饪技法制作主食	（1）运用蒸、煮烹饪技法分别制作 3 种以上主食
		1-2-4　能运用蒸、炒、煮、炸烹饪技法制作菜肴	（1）运用蒸、炒、煮、炸烹饪技法分别制作 3 种以上菜肴
		1-2-5　能制作汤食	（1）制作 3 种以上汤食
2．洗涤与收纳衣物	2-1　洗涤衣物	2-1-1　能识别衣物洗涤标识	（1）识别衣物洗涤标识
		2-1-2　能依据衣物质地选用洗涤用品	（1）纺织品衣物质地鉴别 （2）根据不同衣物选择洗涤用品
		2-1-3　能手工洗涤棉麻、化纤类衣物	（1）处理常见污渍 （2）手工洗涤棉麻类衣物 （3）手工洗涤化纤类衣物
		2-1-4　能使用洗衣机洗涤衣物	（1）使用洗衣机洗涤衣物
	2-2　收纳衣物	2-2-1　能依据质地特性晾晒衣物	（1）正确选择和使用晾晒工具 （2）正确晾晒不同质地的衣物
		2-2-2　能折叠、整理、收纳衣物	（1）折叠衣物 （2）整理衣物 （3）收纳衣物 （4）衣物的防霉、防蛀
3．清洁家居	3-1　清洁居室	3-1-1　清洁家居基础知识	（1）认识和使用常用的清洁工具 （2）认识和使用常用的清洁、消毒用品
		3-1-2　能清洁门窗与玻璃	（1）清洁门窗 （2）清洁玻璃
		3-1-3　能清洁居室墙面	（1）清洁涂料类墙面 （2）清洁瓷砖类墙面 （3）清洁墙纸类墙面
		3-1-4　能清洁居室地面	（1）清洁地板砖类地面 （2）清洁实木地板类地面

续表

职业功能模块	培训内容	技能目标	培训细目
3．清洁家居	3-2　清洁家居用品	3-2-1　能清洁厨具、灶具、餐饮用具	（1）清洁厨具 （2）清洁灶具 （3）清洁餐饮用具
		3-2-2　能清洁家用电器	（1）清洁冰箱 （2）清洁微波炉 （3）清洁洗衣机 （4）清洁消毒柜 （5）清洁洗碗机
		3-2-3　能清洁、擦拭衣橱、桌椅、板凳类家具	（1）清洁原木家具 （2）清洁板式家具 （3）清洁皮革类家具 （4）清洁聚氨酯漆面家具 （5）清洁金属家具 （6）清洁布艺家具 （7）清洁藤艺家具
		3-2-4　能清洁、消毒卫生洁具	（1）清洁卫生洁具 （2）消毒卫生洁具
4．照护孕产妇及新生儿	4-1　照护孕妇	4-1-1　能为孕妇制作常规膳食	（1）为孕妇制作 3 种以上常规膳食
		4-1-2　能照护孕妇盥洗、沐浴、更衣	（1）照护孕妇盥洗 （2）照护孕妇沐浴 （3）照护孕妇更衣
		4-1-3　能陪同孕妇出行	（1）孕妇出行的物品准备 （2）陪同孕妇安全出行
		4-1-4　能为孕妇做产前准备	（1）为孕妇做产前心理准备 （2）为孕妇做产前物品准备
	4-2　照护产妇	4-2-1　能为产妇制作常规膳食	（1）为产妇制作 3 种以上常规膳食 （2）为产妇制作 3 种以上催乳膳食
		4-2-2　能照护产妇盥洗、沐浴、更衣	（1）照护产妇盥洗 （2）照护产妇沐浴 （3）照护产妇更衣
		4-2-3　能指导产妇喂哺新生儿	（1）指导产妇母乳喂哺新生儿
		4-2-4　能填写照护产妇工作日志	（1）填写照护产妇工作日志

续表

职业功能模块	培训内容	技能目标	培训细目
4．照护孕产妇及新生儿	4-3　照护新生儿	4-3-1　能正确抱、放新生儿	（1）正确抱、放新生儿
		4-3-2　能为新生儿穿脱并洗涤衣物	（1）穿脱新生儿衣物 （2）洗涤新生儿衣物 （3）更换新生儿尿布
		4-3-3　能为新生儿冲调奶粉	（1）为新生儿冲调奶粉
		4-3-4　能给新生儿喂奶、喂水	（1）给新生儿喂奶 （2）给新生儿喂水
		4-3-5　能预防和处理新生儿呛奶、呛水	（1）预防新生儿呛奶、呛水 （2）处理新生儿呛奶、呛水
		4-3-6　能清洗、消毒新生儿奶具	（1）清洗奶具 （2）消毒奶具
		4-3-7　能照护新生儿盥洗、沐浴	（1）照护新生儿盥洗 （2）照护新生儿沐浴 （3）新生儿脐部护理 （4）新生儿臀部护理
5．照护婴幼儿	5-1　照护膳食	5-1-1　能清洁、消毒婴幼儿膳食器具	（1）清洁婴幼儿膳食器具 （2）消毒婴幼儿膳食器具
		5-1-2　能给婴幼儿冲调奶粉	（1）给婴幼儿冲调奶粉
		5-1-3　能给婴幼儿制作辅食	（1）为各月龄段婴幼儿添加辅食 （2）制作 3 种以上婴幼儿辅食
		5-1-4　能给婴幼儿喂奶、喂水、喂食	（1）给婴幼儿喂奶、喂水、喂食 （2）预防及处理婴幼儿呛奶、呛水

续表

职业功能模块	培训内容	技能目标	培训细目
5．照护婴幼儿	5-2　照护起居	5-2-1　能抱、领婴幼儿	（1）正确抱、领婴幼儿
		5-2-2　能为婴幼儿穿脱并洗涤衣物	（1）穿脱婴幼儿衣服 （2）洗涤婴幼儿衣物
		5-2-3　能清洁、消毒婴幼儿玩具与用品	（1）清洁婴幼儿玩具及用品 （2）消毒婴幼儿玩具及用品
		5-2-4　能照护婴幼儿盥洗、沐浴	（1）照护婴幼儿盥洗 （2）照护婴幼儿沐浴
		5-2-5　能给婴幼儿做抚触	（1）给婴幼儿做抚触
		5-2-6　能照护婴幼儿二便并换洗尿布	（1）观察婴幼儿二便异常情况 （2）为婴幼儿更换尿布 （3）为婴幼儿洗尿布
		5-2-7　能给婴幼儿做“三浴”	（1）训练婴幼儿“三浴”
		5-2-8　能照护婴幼儿睡眠	（1）照护婴幼儿睡眠
		5-2-9　能为婴幼儿测量体温	（1）为婴幼儿测量体温
		5-2-10　了解并预防婴幼儿意外伤害	（1）预防婴幼儿意外伤害
6．照护老年人	6-1　照护膳食	6-1-1　能为老年人制作主食	（1）为老年人制作 3 种以上主食
		6-1-2　能为老年人制作菜肴	（1）为老年人制作 3 种以上菜肴
		6-1-3　能为老年人制作汤羹	（1）为老年人制作 3 种以上汤羹
		6-1-4　能照护老年人进食、进水	（1）照护老年人进食、进水

续表

职业功能模块	培训内容	技能目标	培训细目
6．照护老年人	6-2　照护起居	6-2-1　能照护老年人盥洗	（1）照护老年人盥洗
		6-2-2　能照护老年人沐浴、更衣	（1）照护老年人沐浴 （2）照护老年人更衣
		6-2-3　能为老年人修剪指（趾）甲	（1）为老年人修剪指（趾）甲
		6-2-4　能为老年人测量体温、血压	（1）为老年人测量体温 （2）为老年人测量血压
		6-2-5　能陪伴老年人外出	（1）陪伴老年人外出 （2）预防老年人跌倒
7．照护病人	7-1　照护膳食	7-1-1　能为病人制作膳食	（1）制作 3 种以上主食 （2）制作 3 种以上菜肴 （3）制作 3 种以上汤羹
		7-1-2　能照护病人进食、进水	（1）餐前病人进食、进水的护理 （2）餐中病人进食、进水的护理 （3）餐后病人进食、进水的护理
		7-1-3　能清洁、消毒病人膳食器具	（1）病人膳食器具的清洁、消毒 （2）病人膳食器具的收纳
	7-2　照护起居	7-2-1　能照护病人日常盥洗	（1）照护自理病人日常盥洗 （2）照护卧床病人日常盥洗
		7-2-2　能给卧床病人洗头、擦浴、翻身、更换衣物	（1）照护卧床病人洗头 （2）照护卧床病人擦浴 （3）照护卧床病人翻身 （4）照护卧床病人更换衣物
		7-2-3　能照护卧床病人的二便	（1）识别异常大小便 （2）留置导尿管病人的护理 （3）照护卧床病人大小便
		7-2-4　能给病人测量生命体征	（1）测量体温 （2）测量脉搏 （3）测量血压 （4）测量呼吸

续表

职业功能模块	培训内容	技能目标	培训细目
7．照护病人	7–2 照护起居	7–2–5 能照护病人口服药物	（1）照护病人口服药物 （2）储存药物
		7–2–6 能照护病人使用轮椅、拐杖等助行器	（1）照护病人使用轮椅 （2）照护病人使用拐杖 （3）预防病人跌倒
		7–2–7 能陪伴病人就诊	（1）诊前准备 （2）日常就诊 （3）急诊就医

2.1.3 中级职业技能培训要求

职业功能模块	培训内容	技能目标	培训细目
1．制作家庭餐	1–1 加工配菜	1–1–1 能制作馅料	（1）调制 3 种以上馅料
		1–1–2 能水发加工干制植物性原料	（1）冷水发干制植物性原料 （2）热水发干制植物性原料 （3）碱水发干制植物性原料
		1–1–3 能进行动物性原料码味	（1）动物性原料的码味
		1–1–4 能进行原料拍粉处理	（1）进行 2 种原料的拍粉处理
		1–1–5 能调制水粉糊、全蛋糊、水粉浆、全蛋浆	（1）上浆 （2）挂糊
		1–1–6 能给菜肴勾芡	（1）调制芡粉汁 （2）勾芡
	1–2 烹制膳食	1–2–1 能制作复合原料的冷菜拼盘	（1）冷菜拼盘的制作
		1–2–2 能用煎、烤、烙技术方法制作主食	（1）运用煎、烤、烙技术方法分别制作 3 种以上主食
		1–2–3 能用煎、炖、氽、烩、烧、焖技术方法烹制菜肴	（1）运用煎、炖、氽、烩、烧、焖技术方法分别制作 3 种以上菜肴

续表

职业功能模块	培训内容	技能目标	培训细目
2. 洗烫衣物	2-1　洗涤衣物	2-1-1　能洗涤羽绒类衣物	(1) 洗涤羽绒类衣物
		2-1-2　能洗涤丝绸类衣物	(1) 洗涤丝绸类衣物
		2-1-3　能洗涤毛织品衣物	(1) 洗涤毛织品衣物
	2-2　熨烫衣物	2-2-1　能熨烫衬衫和领带	(1) 常用熨烫设备的使用 (2) 熨烫衣物
		2-2-2　能熨烫西装	(1) 熨烫西服衣裤
		2-2-3　能熨烫套裙类服装	(1) 熨烫套裙类服装
3. 保洁家居	3-1　保洁家居设施	3-1-1　能使用保洁设备进行家居保洁	(1) 机械保洁设备的使用与保养 (2) 智能保洁设备的使用与保养
		3-1-2　能保洁居室装饰墙面	(1) 保洁硅藻泥墙面 (2) 保洁石材墙面
		3-1-3　能保洁居室地板	(1) 保洁居室实木地板 (2) 保洁居室强化木地板 (3) 保洁居室竹木地板
	3-2　保洁家居用品	3-2-1　能清洁、养护皮革类家居用品	(1) 清洁、养护皮质沙发 (2) 清洁、养护人造革座椅
		3-2-2　能进行更衣柜、展示柜等板式家具保洁	(1) 清洁、养护板式家具
		3-2-3　能清洁、养护厨房操作台面	(1) 清洁、养护人造石操作台面 (2) 清洁、养护不锈钢操作台面
		3-2-4　能清洁、养护挂毯和地毯	(1) 清洁、养护纯毛毛毯 (2) 清洁、养护混纺挂毯
4. 照护孕产妇与新生儿	4-1　照护孕妇	4-1-1　能为孕妇制订营养膳食计划	(1) 孕妇的营养需求及食物来源 (2) 为孕妇制订营养膳食计划
		4-1-2　能为孕妇制作营养膳食	(1) 为孕妇制作 6 种以上营养膳食
		4-1-3　能指导孕妇进行乳房护理	(1) 乳房的生理结构 (2) 指导孕妇进行乳房护理

续表

职业功能模块	培训内容	技能目标	培训细目
4．照护孕产妇与新生儿	4–1　照护孕妇	4–1–4　能指导孕妇进行安全自护	（1）指导孕妇安全自护
	4–2　照护产妇	4–2–1　能为产妇制作膳食	（1）为产妇制作 6 种以上营养膳食 （2）为产妇制作 6 种以上催乳膳食 （3）为产妇制作加餐餐点
		4–2–2　能为产妇做乳房护理	（1）为产妇做乳房护理 （2）指导产妇使用吸奶器
		4–2–3　能指导产妇做形体恢复操	（1）指导产妇做形体恢复操 （2）指导产妇产后科学康复
	4–3　照护新生儿	4–3–1　能给新生儿喂服药物	（1）给新生儿喂服药物
		4–3–2　能照护新生儿二便并观察异常情况	（1）照护新生儿大小便 （2）识别新生儿二便的异常情况
		4–3–3　能给新生儿做抚触	（1）给新生儿做抚触
5．照护婴幼儿	5–1　照护膳食	5–1–1　能给婴幼儿制订营养膳食计划	（1）制订婴幼儿营养膳食计划
		5–1–2　能给婴幼儿制作营养膳食	（1）给婴幼儿制作 6 种以上营养膳食
	5–2　照护起居	5–2–1　能给婴幼儿说儿歌、讲故事	（1）给婴幼儿说儿歌、讲故事
		5–2–2　能训练婴幼儿抬头、翻身	（1）训练婴幼儿抬头 （2）训练婴幼儿翻身
		5–2–3　能训练婴幼儿坐、爬、站立、行走	（1）训练婴幼儿坐 （2）训练婴幼儿爬 （3）训练婴幼儿站立 （4）训练婴幼儿行走

续表

职业功能模块	培训内容	技能目标	培训细目
6．照护老年人	6-1 料理膳食	6-1-1 能为老年人制定日常食谱	（1）老年人必需营养素的来源 （2）为老年人制定日常食谱
		6-1-2 能为老年人制作主食	（1）为老年人制作6种以上主食
		6-1-3 能为老年人制作菜肴	（1）为老年人制作6种以上菜肴
		6-1-4 能为老年人制作汤羹	（1）为老年人制作6种以上汤羹
	6-2 照护起居	6-2-1 能与老年人进行情感交流	（1）与老年人进行情感交流
		6-2-2 能观察和疏导老年人的不良情绪	（1）观察老年人的不良情绪 （2）疏导老年人的不良情绪
		6-2-3 能指导老年人进行休闲娱乐	（1）给老年人读书、读报 （2）指导老年人使用计算机 （3）指导老年人使用智能手机
7．照顾病人	7-1 料理膳食	7-1-1 能遵医嘱为病人制作治疗膳食	（1）制作治疗膳食
		7-1-2 能遵医嘱为病人制作管灌膳食	（1）制作管灌膳食
		7-1-3 能遵医嘱为病人进行鼻导管喂食	（1）鼻导管喂食
	7-2 照护起居	7-2-1 能与病人进行情感交流	（1）与病人进行情感交流
		7-2-2 能观察并疏导病人的不良情绪	（1）观察病人不良情绪 （2）疏导病人不良情绪
		7-2-3 能为失能病人进行口腔护理	（1）为失能病人清洁口腔

续表

职业功能模块	培训内容	技能目标	培训细目
7．照顾病人	7-2　照护起居	7-2-4　为卧床病人更换床单、被褥	（1）为卧床病人更换床单、被褥
		7-2-5　能给病人做冷敷或热敷护理	（1）冷敷护理 （2）热敷护理
		7-2-6　能遵医嘱为病人煎煮中草药	（1）为病人煎煮中草药 （2）照护病人服用中草药

2.1.4　高级职业技能培训要求

职业功能模块	培训内容	技能目标	培训细目
1．制作家庭餐	1-1　加工配菜	1-1-1　能拼摆复合水果原料拼盘	（1）拼盘原料选择 （2）制作 3 种以上水果拼盘
		1-1-2　能加工海鲜类食物原料	（1）海鲜食用前处理 （2）加工海鲜类食物原料
		1-1-3　能油发干制食物原料	（1）油炸干制食物原料 （2）水浸干制食物原料 （3）漂清干制食物原料
		1-1-4　能调制醋椒味、鱼香味	（1）调制醋椒味 （2）调制鱼香味
	1-2　烹制膳食	1-2-1　能制作清汤、浓汤、素汤	（1）清汤的制作 （2）浓汤的制作 （3）素汤的制作
		1-2-2　能制作鱼、虾、鸡类茸胶菜品	（1）制作茸胶菜品
		1-2-3　能运用烤、熘、爆、扒、煨等技法烹制菜肴	（1）制作 3 种以上烤制菜肴 （2）制作 3 种以上熘制菜肴 （3）制作 3 种以上爆制菜肴 （4）制作 3 种以上扒制菜肴 （5）制作 3 种以上煨制菜肴

续表

职业功能模块	培训内容	技能目标	培训细目
1. 制作家庭餐	1-2 烹制膳食	1-2-4 能制作5种中、西餐糕点	(1) 制作5种以上中餐糕点 (2) 制作5种以上西餐糕点
		1-2-5 能研磨咖啡豆并冲煮咖啡	(1) 研磨咖啡豆 (2) 冲煮咖啡
2. 美化家居	2-1 美化居室	2-1-1 能识别并选择插花材料	(1) 识别花材 (2) 选择花材
		2-1-2 能依据家居环境插摆3种造型花卉	(1) 插摆3种造型花卉 (2) 插花作品的保鲜和养护
		2-1-3 能依据居室使用功能摆放家具和饰品	(1) 摆放家具 (2) 摆放饰品
	2-2 美化庭院	2-2-1 能养护花木	(1) 养护花木
		2-2-2 能修剪庭院草坪与绿篱	(1) 草坪机的使用 (2) 修剪草坪与绿篱
		2-2-3 能摆放和养护庭院绿植	(1) 摆放庭院绿植 (2) 养护庭院绿植
3. 照护孕产妇与新生儿	3-1 照护孕妇	3-1-1 能为孕妇制作营养膳食	(1) 为孕妇制作9种以上营养膳食
		3-1-2 能指导孕妇胎教	(1) 指导孕妇胎教 (2) 为孕妇推荐胎教音乐 (3) 为孕妇推荐胎教故事
		3-1-3 能疏导孕妇的不良情绪	(1) 辨别孕妇的不良情绪 (2) 疏导孕妇的不良情绪
		3-1-4 能护理妊娠期常见病	(1) 护理患妊娠期高血压疾病的孕妇 (2) 护理患妊娠合并糖尿病的孕妇 (3) 护理先兆流产及先兆早产的孕妇 (4) 护理前置胎盘及胎盘早剥的孕妇 (5) 护理胎膜早破的孕妇

续表

职业功能模块	培训内容	技能目标	培训细目
3．照护孕产妇与新生儿	3-2　照护产妇	3-2-1　能为产妇制作催乳膳食	（1）为产妇制作 9 种以上催乳膳食
		3-2-2　能按摩产妇乳房、疏通堵塞乳腺	（1）按摩产妇乳房 （2）疏通堵塞乳腺
		3-2-3　能处置产妇乳头凹陷和皲裂	（1）纠正产妇乳头凹陷 （2）产妇乳头皲裂的护理
		3-2-4　能照护产妇恶露	（1）观察产妇恶露 （2）照护产妇恶露
		3-2-5　能遵医嘱照护产妇分娩伤口	（1）识别自然分娩产妇伤口位置 （2）遵医嘱照护自然分娩产妇及剖宫产产妇的伤口
		3-2-6　能疏导产妇不良情绪	（1）疏导产妇不良情绪 （2）预防产后抑郁症
	3-3　照护新生儿	3-3-1　能照护患黄疸的新生儿	（1）区分不同类型黄疸的表现 （2）照护患有生理性黄疸的新生儿 （3）照护患有母乳性黄疸的新生儿
		3-3-2　能照护体重异常的新生儿	（1）照护早产儿 （2）照护低出生体重儿 （3）照护巨大儿
		3-3-3　能及时发现并应对新生儿异常情况	（1）识别新生儿常见的异常情况 （2）及时应对新生儿异常情况
4．照护婴幼儿	4-1　功能训练	4-1-1　能为婴幼儿做被动操或主被动操	（1）为婴幼儿做被动操 （2）为婴幼儿做主被动操
		4-1-2　能带领婴幼儿做模仿操	（1）做头部模仿操 （2）做肢体模仿操
		4-1-3　能训练婴幼儿的语言能力	（1）进行婴幼儿语言训练

续表

职业功能模块	培训内容	技能目标	培训细目
4．照护婴幼儿	4-1　功能训练	4-1-4　能训练婴幼儿的生活自理能力	（1）训练婴幼儿生活自理能力
		4-1-5　能训练婴幼儿色彩、事物的识别能力	（1）训练婴幼儿识别色彩 （2）训练婴幼儿识别事物
	4-2　照护起居	4-2-1　能为婴幼儿制订日间照护计划	（1）制定婴幼儿日间照护内容 （2）制订婴幼儿日间照护计划
		4-2-2　能带领婴幼儿进行计划免疫	（1）接种前准备 （2）正确接种 （3）接种后的护理
		4-2-3　能及时发现并应对婴幼儿异常情况	（1）发现婴幼儿异常情况 （2）应对婴幼儿异常情况
		4-2-4　能遵医嘱照护患常见病的婴幼儿	（1）护理患湿疹的婴幼儿 （2）护理患上呼吸道感染病症的婴幼儿
		4-2-5　能处理婴幼儿常见意外伤害	（1）处理婴幼儿常见意外伤害
5．照护病人	5-1　康复护理	5-1-1　能遵医嘱给瘫痪病人做康复训练	（1）给瘫痪病人做肢体被动运动 （2）给瘫痪病人按摩
		5-1-2　能照护患压疮的病人	（1）预防压疮 （2）照护患压疮的病人
	5-2　心肺复苏技术	5-2-1　能使用心肺复苏技术救护危重病人	（1）心肺复苏技术的使用
6．职业指导与管理	6-1　职业培训	6-1-1　能培训初级、中级家政服务员	（1）确认培训对象需求 （2）根据课程规范拟订培训计划 （3）做好培训准备 （4）实施培训 （5）培训效果评估 （6）培训后整理
		6-1-2　能评估初级、中级家政服务员的工作绩效	（1）编写家政服务员工作绩效报告 （2）确立评估目标 （3）确定评估计划 （4）实施评估 （5）后续管理

2.1.5 技师职业技能培训要求

职业功能模块	培训内容	技能目标	培训细目
1．料理家宴	1-1 家宴准备	1-1-1 能编制家宴方案	（1）设计家宴菜点 （2）编制家宴方案
		1-1-2 能依据家宴方案准备家宴用品	（1）选配家宴用品 （2）清洗与保养家宴用品
		1-1-3 能依据家宴主题进行环境布置	（1）家宴环境布置的意义及要素 （2）布置不同主题的家宴
		1-1-4 能依据家宴方案进行摆台	（1）中餐宴席摆台 （2）西餐宴席摆台 （3）餐巾折花
	1-2 家宴服务	1-2-1 能依据家宴方案制作中式菜肴	（1）制作中式特色菜肴
		1-2-2 能依据家宴方案制作西餐	（1）制作西餐 （2）制作西式点心
		1-2-3 能准备宴会饮品	（1）准备酒精饮品和无酒精饮品 （2）调制 3 种以上宴会饮品
		1-2-4 能进行宴席服务	（1）中式宴席服务 （2）西式宴席服务
2．家政管理	2-1 家庭事务管理	2-1-1 能应用信息化技术管理家庭事务	（1）建立家庭事务信息化管理系统 （2）应用家庭事务信息化技术
		2-1-2 能为雇主分类整理家庭档案资料	（1）家庭档案的分类整理 （2）家庭档案的归档保管
		2-1-3 能管理家庭日常财务收支	（1）管理家庭日常财务收入 （2）管理家庭日常财务支出 （3）编制家庭财务报表 （4）编制家庭预算表

续表

职业功能模块	培训内容	技能目标	培训细目
2．家政管理	2-1　家庭事务管理	2-1-4　能拟订家庭成员健康膳食管理计划	（1）拟订各类人群膳食管理计划
		2-1-5　能制定家政服务岗位规范并实施岗位分类管理	（1）区分家政服务岗位 （2）分类制定家政服务岗位规范
	2-2　休闲娱乐管理	2-2-1　能编制家庭出行计划	（1）编制家庭出行计划
		2-2-2　能根据出行计划完成出行准备	（1）确定家庭出行准备内容 （2）制订家庭出行准备计划
		2-2-3　能安排来访客人的行程	（1）确定访客接待规格 （2）安排访客行程 （3）做好各项预订工作
		2-2-4　能陪同雇主或来访客人出行并提供出行服务	（1）做好陪同雇主或访客出行的准备 （2）做好陪同出行的服务
		2-2-5　能制定家庭娱乐方案	（1）确定时间与地点 （2）明确参与人员 （3）明确娱乐主题 （4）确定娱乐项目 （5）制定娱乐流程
		2-2-6　能依据娱乐方案准备设施设备并提供服务	（1）家庭常见娱乐设施设备的使用 （2）提供家庭休闲娱乐服务
3．美化家居	3-1　美化居室	3-1-1　能依据使用功能进行居室美化	（1）卧室美化 （2）客厅美化 （3）书房美化 （4）厨房美化 （5）卫生间美化 （6）阳台美化 （7）其他空间的美化
		3-1-2　能依据使用对象进行居室美化	（1）根据家庭成员需求美化居室 （2）根据风格结合居住者喜好美化居室
		3-1-3　能对居室清洁、美化质量进行检查评估	（1）评估居室清洁质量 （2）评估居室美化质量

续表

职业功能模块	培训内容	技能目标	培训细目
3．美化家居	3-2　美化庭院	3-2-1　能制定庭院美化方案	（1）根据庭院大小制定美化方案 （2）根据庭院形状制定美化方案 （3）根据庭院地理位置和环境条件制定美化方案 （4）根据庭院的风格制定美化方案 （5）根据居住者的情况制定美化方案
		3-2-2　能种植、养护庭院景观草坪	（1）种植景观草坪 （2）养护景观草坪
		3-2-3　能栽培、移植、养护庭院花木	（1）庭院花木栽培技术 （2）庭院花木移植技术 （3）庭院花木养护技术
		3-2-4　能养护庭院盆景	（1）浇水 （2）施肥 （3）光照 （4）通风 （5）防治病虫害 （6）换盆 （7）修剪
4．家教辅助	4-1　婴幼儿教育辅助	4-1-1　能甄选开发婴幼儿智力的儿歌、游戏	（1）甄选婴幼儿智力开发内容 （2）开展婴幼儿智力开发训练
		4-1-2　能甄选可促进婴幼儿品格发展的游戏和音乐	（1）甄选婴幼儿品格培养内容 （2）进行婴幼儿品格培养训练
		4-1-3　能培养婴幼儿的社会交往能力	（1）培养婴幼儿社会交往能力
	4-2　学龄前儿童教育辅助	4-2-1　能培养学龄前儿童言行习惯	（1）学龄前儿童语言与行为发展的科学训练
		4-2-2　能培养学龄前儿童社会交往能力	（1）学龄前儿童社会交往能力的科学训练
		4-2-3　能培养学龄前儿童学习习惯	（1）培养学龄前儿童学习习惯
5．培训指导与管理	5-1　培训评估	5-1-1　能编制家政服务员培训质量评估计划	（1）培训需求分析 （2）确定评估内容（项目） （3）明确评估要点 （4）制定评估标准
		5-1-2　能组织实施家政服务员培训质量评估	（1）确定培训质量评估模式 （2）实施家政服务员培训质量评估

续表

职业功能模块	培训内容	技能目标	培训细目
5．培训指导与管理	5-2 岗位管理	5-2-1 能编制家政服务员岗位管理规范	（1）编制家政服务员岗位管理规范
		5-2-2 能依据家政服务员岗位管理规范进行岗位督导	（1）确定接受督导的人员 （2）确定督导内容 （3）确定督导方案 （4）依据岗位管理规范进行岗位督导 （5）分析处理信息

2.2 课程规范

2.2.1 职业基本素质培训课程规范

模块	课程	学习单元	课程内容	培训建议	课堂学时
1．职业道德和职业守则	1-1 职业道德和职业守则	（1）职业认知	1）现代家政行业发展状况及职业需求	（1）方法：讲授法、讨论法 （2）重点与难点：家政服务员的职业发展前景与定位	1
			2）家政服务员的职业定位		
			3）家政服务员的职业内涵		
			4）家政服务员的工作内容		
		（2）职业道德规范和职业守则	1）道德与职业道德 ①道德与职业道德的含义 ②道德与职业道德的特点 ③道德与职业道德的作用	（1）方法：讲授法、案例教学法、讨论法 （2）重点：家政服务员的职业道德规范 （3）难点：家政服务员的职业道德规范和职业守则的学以致用	3
			2）家政服务员的职业道德规范 ①家政服务员的职业心态 ②家政服务员的职业责任 ③家政服务员的职业纪律 ④家政服务员的职业能力		
			3）家政服务员的职业守则 ①遵纪守法，诚实守信 ②爱岗敬业，主动服务 ③尊老爱幼，谦恭礼让 ④崇尚公德，不涉家私		

续表

<table>
<tr><th>模块</th><th>课程</th><th>学习单元</th><th>课程内容</th><th>培训建议</th><th>课堂学时</th></tr>
<tr><td rowspan="7">2．择业与就业常识</td><td rowspan="7">2–1　择业与就业常识</td><td rowspan="4">（1）择业与就业常识</td><td>1）择业的途径</td><td rowspan="4">（1）方法：讲授法、角色扮演法
（2）重点：做好择业的准备
（3）难点：掌握面试的技巧并能学以致用</td><td rowspan="4">1</td></tr>
<tr><td>2）做好择业准备
①材料准备
②形象准备
③心理准备
④素质准备</td></tr>
<tr><td>3）面试的技巧</td></tr>
<tr><td>4）甄选雇主
①优秀雇主的基本要素
②甄选雇主的注意事项</td></tr>
<tr><td rowspan="3">（2）择业与就业的注意事项</td><td>1）家政服务机构的运作模式
①中介制管理模式
②员工制管理模式</td><td rowspan="3">（1）方法：讲授法、案例教学法
（2）重点：签订家政服务员合同的方法</td><td rowspan="3">1</td></tr>
<tr><td>2）获取劳务信息的方法</td></tr>
<tr><td>3）签订规范的家政服务合同</td></tr>
<tr><td rowspan="3">3．社交礼仪常识</td><td rowspan="3">3–1　基本礼仪</td><td rowspan="3">（1）日常交际礼仪</td><td>1）礼仪的含义
①礼仪的定义
②礼仪与礼貌、礼节的关系
③家政服务员学习礼仪常识的意义</td><td rowspan="3">（1）方法：讲授法、演示法
（2）重点：仪表、仪容要求
（3）难点：养成良好的仪态习惯</td><td rowspan="3">2</td></tr>
<tr><td>2）仪态要求
①坐姿
②站姿
③走姿
④目光
⑤手势
⑥语言</td></tr>
<tr><td>3）仪容、仪表要求
①服装服饰
②卫生妆容
③礼貌用语
④表情神态</td></tr>
</table>

续表

模块	课程	学习单元	课程内容	培训建议	课堂学时
3．社交礼仪常识	3–2　家庭人际关系的认知与处理	（1）家庭人际关系的认知与处理	1）家庭人际关系的认知 ①家庭的定义 ②家庭人际关系的对象 ③建立良好人际关系的重要性	（1）方法：讲授法、角色扮演法、情景教学法、案例教学法 （2）重点：掌握家政服务员与雇主相处的原则 （3）难点：掌握家庭人际关系的处理技巧	2
			2）家政服务员与雇主相处的原则 ①知己知彼，和谐共处 ②灵活应对，切忌介入 ③坦诚相待，加强沟通 ④换位思考，情绪控制		
			3）家庭人际关系的处理技巧 ①与家庭成员相处的技巧 ②与其他人员相处的技巧		
	3–3　家庭服务礼仪	（1）家庭日常服务礼仪	1）接待来访宾客的礼仪 ①接待准备 ②接待方法	（1）方法：讲授法、演示法、案例教学法 （2）重点与难点：掌握人际交往的技巧	1
			2）使用电话的礼仪 ①接听电话的礼仪 ②拨打电话的礼仪 ③使用电话的注意事项		
			3）人际交往的技巧 ①致意的礼节技巧 ②握手的礼节技巧 ③介绍的礼节技巧		
			4）其他日常服务礼仪 ①递送物品 ②整理物品 ③出入关门 ④上下电梯、楼梯 ⑤服务“六忌”		

续表

模块	课程	学习单元	课程内容	培训建议	课堂学时
3．社交礼仪常识	3-3 家庭服务礼仪	（2）尊重生活习俗	1）我国各少数民族的地域分布与生活习俗 ①藏族的地域分布与生活习俗 ②维吾尔族的地域分布与生活习俗 ③蒙古族的地域分布与生活习俗 ④回族的地域分布与生活习俗 ⑤壮族的地域分布与生活习俗 ⑥满族的地域分布与生活习俗 ⑦朝鲜族的地域分布与生活习俗	（1）方法：讲授法、讨论法 （2）重点：我国主要少数民族的习俗禁忌 （3）难点：春节、圣诞节的习俗区别	2
			2）我国主要传统节日习俗 ①春节的习俗 ②元宵节的习俗 ③端午节的习俗 ④清明节的习俗 ⑤中秋节的习俗 ⑥重阳节的习俗 ⑦冬至的习俗 ⑧腊八节的习俗		
			3）西方主要节日习俗 ①圣诞节的习俗 ②愚人节的习俗 ③复活节的习俗		
			4）中国人与西方人生活习俗、社交礼仪的区别		
		（3）尊重宗教信仰	1）佛教 ①佛教的由来与教规 ②佛教的节日 ③佛教的礼节	（1）方法：讲授法、讨论法 （2）重点：坚决抵制邪教组织 （3）难点：了解佛教、道教、伊斯兰教的由来与教义	1
			2）道教 ①道教的教派与教规 ②道教的节日		
			3）伊斯兰教 ①伊斯兰教的由来与教义 ②伊斯兰教的主要节日与宗教仪式		
			4）坚决抵制邪教组织		

续表

模块	课程	学习单元	课程内容	培训建议	课堂学时
4．安全常识	4-1 职业安全防护常识	（1）家政服务员的职业安全防护常识	1）职业安全的概念 2）家政服务员正确的工作姿势 3）家居工作安全防护措施	（1）方法：讲授法、演示法 （2）重点与难点：家居工作安全防护措施	1
	4-2 家庭安全常识	（1）家庭防火、防盗抢常识	1）家庭火灾常见的原因 2）家庭火灾的防范措施 ①安全使用燃气设备的方法 ②安全使用取暖设备的方法 3）家庭安全防盗方法——人力防范 ①入室盗窃、抢劫活动的一般规律 ②人力防范家庭防盗措施的方法 4）家庭安全防范方法——技术防范 ①技术防范家庭防盗的措施方法 ②对讲装置、监视器、报警器等设备介绍	（1）方法：讲授法、演示法、角色扮演法 （2）重点与难点：家庭防火、防盗抢的主要方法	1
		（2）家庭用水、用电及网络安全常识	1）家庭安全用水用电常识 ①家庭水源事故的预防和急救 ②家庭安全用电的基本常识 2）网络安全常识 ①信息技术在家政服务中的应用 ②树立网络安全意识 ③预防各种形式的网络诈骗	（1）方法：讲授法、演示法 （2）重点与难点：树立网络安全常识，掌握预防各种网络诈骗的方法	1

续表

模块	课程	学习单元	课程内容	培训建议	课堂学时
4．安全常识	4–2 家庭安全常识	（3）安全救护常识	1）安全救护的基本原则 ①培养良好的应急心态 ②稳定情绪，冷静应对 ③正确定位，协助为主	（1）方法：讲授法、演示法 （2）重点与难点：掌握家庭突发事件的应急处理措施	1
			2）报警常识 ①“110”报警 ②“119”报警 ③“120”报警		
			3）施放简易求救信号		
			4）自然灾害逃生自救常识 ①火灾逃生自救 ②地震逃生自救		
			5）家庭突发事件的应急处理常识 ①气体中毒的应急处理 ②食物中毒的应急处理 ③误服药物的应急处理		
5．卫生常识	5–1 个人卫生常识	（1）个人卫生常识	1）保持个人卫生的重要性	（1）方法：讲授法、演示法 （2）重点与难点：养成良好的个人卫生习惯	1
			2）个人卫生要求 ①保持口腔清洁和牙齿健康的要求 ②保持双手清洁卫生的要求 ③保持双脚清洁卫生的要求 ④保持头发清洁卫生的要求 ⑤保持女性会阴清洁卫生的要求 ⑥保持经期清洁卫生的要求		

续表

模块	课程	学习单元	课程内容	培训建议	课堂学时
5．卫生常识	5–2　饮食卫生常识	（1）饮食卫生常识	1）养成良好的饮食卫生习惯和行为 2）采买环节的卫生要求 3）粗加工环节的卫生要求 ①肉类粗加工环节的卫生要求 ②水产品粗加工环节的卫生要求 ③蔬菜粗加工环节的卫生要求 4）烹调和食用环节的卫生要求 5）食物储藏环节的卫生要求	（1）方法：讲授法、演示法 （2）重点与难点：养成良好的饮食卫生习惯和行为	2
	5–3　居家环境卫生、安全常识	（1）居家环境卫生、安全常识	1）家庭居家环境卫生要求 ①居家环境卫生要求 ②居室通风、温度、采光、照明要求 ③居室噪声控制与绿化要求 ④鼠、蚊、苍蝇等虫害的危害与管控 2）家居环境布置的安全要求 ①保障婴幼儿安全的要求 ②保障老年人安全的要求 ③宠物饲养对家居环境的影响及禁忌 3）家具保洁要求 ①家具保洁的原则和要求 ②不同性质污迹的处理方法	（1）方法：讲授法、案例教学法、演示法 （2）重点与难点：家居环境布置的安全要求	1
6．相关法律法规知识	6–1　相关法律法规知识	（1）相关法律法规知识	1）《中华人民共和国劳动法》相关知识 ①工作时间和休息休假 ②工资 ③劳动安全卫生 ④女职工和未成年工的特殊保护 ⑤社会保险和福利 ⑥劳动争议	（1）方法：讲授法、案例教学法 （2）重点：对相关法律法规知识的理解和掌握 （3）难点：通过案例分析，剖析劳动争议的调解方式	2

续表

模块	课程	学习单元	课程内容	培训建议	课堂学时
6．相关法律法规知识	6-1 相关法律法规知识		2）《中华人民共和国劳动合同法》相关知识 ①劳动合同的订立 ②无固定期限劳动合同 ③试用期 ④劳动合同的履行 ⑤劳动合同的解除		
			3）《中华人民共和国消费者权益保护法》相关知识 ①消费者的权益 ②经营者的权益		
			4）《中华人民共和国妇女权益保障法》相关知识 ①《中华人民共和国妇女权益保障法》的立法意义 ②妇女依法享有的政治权利 ③妇女依法享有的劳动和社会保障权益 ④妇女依法享有的人身权利 ⑤妇女依法享有的婚姻家庭权益 ⑥妇女合法权益受到侵害的救济方式		
			5）《中华人民共和国老年人权益保障法》相关知识 ①国家对老年人的保障措施 ②家庭赡养和抚养的相关规定 ③老年人宜居环境的建设 ④侵犯老年人权利应承担的法律责任		
			6）《中华人民共和国未成年人保护法》相关知识 ①未成年人享有的人身权利 ②未成年人享有的财产权益 ③未成年人享有的受教育权利 ④未成年人享有的劳动权利 ⑤未成年人享有的诉讼权利		
课堂学时合计					24

2.2.2　初级职业技能培训课程规范

模块	课程	学习单元	课程内容	培训建议	课堂学时
1．制作家庭餐	1-1　加工配菜	（1）原料采购	1）植物性烹饪原料的选购要点	（1）方法：讲授法、演示法、实训（练习）法 （2）重点与难点：食物原料采购要点	1
			2）动物性烹饪原料的选购要点		
			3）水产类烹饪原料的选购要点		
		（2）原料加工成形	1）刀具的使用 ①刀具的种类 ②刀工技法 ③刀具的使用和保养	（1）方法：讲授法、演示法、实训（练习）法 （2）重点与难点：将食物原料加工成形的方法	2
			2）大、中、小方丁的切法		
			3）月牙片、菱形片、柳叶片、夹刀片的切法		
			4）菱形块、方块、长方块、排骨块、滚刀块的切法		
			5）大段、小段的切法		
			6）丝的切法		
			7）茸的切法		
		（3）初加工时令蔬菜	1）蔬菜初加工的基本原则	（1）方法：讲授法、演示法、实训（练习）法 （2）重点与难点：时令蔬菜初加工的方法	1
			2）蔬菜初加工的方法：叶类、茎类、根类、瓜类、茄果类、豆类等		
		（4）初加工动物性原料	1）肉类食材的特点	（1）方法：讲授法、演示法、实训（练习）法 （2）重点与难点：肉类食物初加工的方法	2
			2）肉类食材初加工的方法 ①宰杀、出肉 ②拆拣、洗涤		

续表

模块	课程	学习单元	课程内容	培训建议	课堂学时
1．制作家庭餐		（5）初加工鱼、虾类食材	1）水产分类知识 2）鱼、虾类食材初加工的方法	（1）方法：讲授法、演示法、实训（练习）法 （2）重点与难点：鱼、虾类食物初加工的方法	1
		（6）保鲜、冷冻、解冻食物原料	1）食物原料的保鲜方法 2）食物原料的冷冻方法 3）食物原料的解冻方法	（1）方法：讲授法 （2）重点与难点：食物保鲜、冷冻、解冻的方法	1
	1-2　烹制膳食	（1）调制单一味和复合味	1）调味品的基本知识 2）调制单一味：酸、甜、苦、辣、咸 3）调制复合味：酸甜味、酸辣味、咸香味、咸甜味	（1）方法：讲授法、演示法、实训（练习）法 （2）重点与难点：调制单一味和复合味	2
		（2）制作凉菜	1）凉菜的制作 例：①凉拌黄瓜 ②凉拌皮蛋豆腐 ③凉拌海蜇	（1）方法：讲授法、演示法、实训（练习）法 （2）重点与难点：凉菜的制作方法	2
		（3）制作主食	1）蒸、煮米饭 2）制作面食 ①蒸馒头 ②阳春面	（1）方法：讲授法、演示法、实训（练习）法 （2）重点与难点：运用蒸、煮烹饪技法制作面食的方法	4
		（4）制作菜肴	1）蒸制菜肴 例：清蒸鲈鱼 2）炒制菜肴 例：青菜炒香菇 3）煮制菜肴 例：水煮肉片 4）炸制菜肴 例：炸春卷	（1）方法：讲授法、演示法、实训（练习）法 （2）重点与难点：运用蒸、炒、煮、炸烹饪技法制作菜肴的方法	8

续表

模块	课程	学习单元	课程内容	培训建议	课堂学时
1．制作家庭餐	1–2　烹制膳食	（5）制作汤食	1）汤食加工工具 ①砂锅、瓦煲 ②炖盅 ③不锈钢锅	（1）方法：讲授法、演示法、实训（练习）法 （2）重点与难点：汤食的制作方法	4
			2）制作汤食 例：①山药排骨汤 ②西红柿炖牛腩 ③枸杞冬瓜汤		
2．洗涤与收纳衣物	2–1　洗涤衣物	（1）衣物洗涤准备	1）识别衣物洗涤标识	（1）方法：讲授法、实物示教法 （2）重点与难点：衣物质地鉴别与洗涤用品的选择	2
			2）纺织品衣物的性能及鉴别方法 ①棉及棉混纺织物 ②麻及麻混纺织物 ③毛及毛混纺织物 ④丝织品 ⑤化学纤维织物		
			3）洗涤用品的种类、特性与用途		
		（2）手洗衣物	1）水洗要点	（1）方法：演示法、实物示教法、实训（练习）法 （2）重点与难点：手洗棉麻、化纤类衣物的方法	2
			2）常见污渍的处理方法		
			3）手工洗涤棉麻类衣物		
			4）手工洗涤化纤类衣物		
		（3）机洗衣物	1）洗衣机的种类 ①滚筒式 ②波轮式	（1）方法：讲授法、实物示教法 （2）重点与难点：使用洗衣机洗涤衣物的操作方法	1
			2）使用洗衣机洗涤衣物的操作方法		
	2–2　收纳衣物	（1）衣物的干燥	1）衣物干燥方法	（1）方法：讲授法、演示法、实物示教法 （2）重点与难点：不同质地衣物的晾晒方法	1
			2）衣物晾晒的基本要求		
			3）正确使用晾晒工具		
			4）晾晒衣物的方法		

续表

模块	课程	学习单元	课程内容	培训建议	课堂学时
2．洗涤与收纳衣物	2–2　收纳衣物	（2）衣物的折叠、整理、收纳及防霉、防蛀	1）衣物折叠的方法 2）衣物整理的要求 3）衣物收纳的方法及注意事项 4）衣物防霉、防蛀的方法及注意事项	（1）方法：讲授法、演示法、实物示教法 （2）重点与难点：折叠和整理衣物的方法及要求	2
3．清洁家居	3–1　清洁居室	（1）清洁家居基础知识	1）常用清洁工具种类及使用方法 2）常用清洁、消毒用品的分类及使用方法 3）日常保洁与计划保洁 4）清洁家居的注意事项	（1）方法：讲授法、演示法、实物示教法 （2）重点与难点：清洁工具的使用方法	1
		（2）清洁门窗与玻璃	1）清洁门窗的方法及注意事项 2）清洁玻璃的方法及注意事项	（1）方法：讲授法、演示法、实物示教法 （2）重点与难点：清洁玻璃的方法及注意事项	3
		（3）清洁居室墙面	1）居室墙面材质分类 2）清洁涂料类墙面 3）清洁瓷砖类墙面 4）清洁墙纸类墙面	（1）方法：讲授法、演示法、实训（练习）法 （2）重点与难点：清洁居室墙面的方法及注意事项	2
		（4）清洁居室地面	1）居室地面材质分类 2）清洁地板砖类地面 3）清洁实木地板类地面	（1）方法：讲授法、演示法、实训（练习）法 （2）重点与难点：清洁居室地面的方法及注意事项	2
	3–2　清洁家居用品	（1）清洁厨具、灶具、餐饮用具	1）厨具的清洁 ①储藏用具的清洁 ②洗涤用具的清洁 ③调理用具的清洁 ④烹调用具的清洁	（1）方法：演示法、实物示教法、实训（练习）法 （2）重点与难点：清洁厨具、灶具、餐饮用具的方法	3

续表

<table>
<tr><th>模块</th><th>课程</th><th>学习单元</th><th>课程内容</th><th>培训建议</th><th>课堂学时</th></tr>
<tr><td rowspan="17">3．清洁家居</td><td rowspan="17">3-2　清洁家居用品</td><td rowspan="2"></td><td>2）灶具的清洁
①燃气灶
②油烟机</td><td rowspan="2"></td><td rowspan="2"></td></tr>
<tr><td>3）餐饮用具的清洁</td></tr>
<tr><td rowspan="5">（2）清洁家用电器</td><td>1）清洁冰箱</td><td rowspan="5">（1）方法：演示法、实物示教法、实训（练习）法
（2）重点与难点：常见家用电器的清洁方法及注意事项</td><td rowspan="5">2</td></tr>
<tr><td>2）清洁微波炉</td></tr>
<tr><td>3）清洁洗衣机</td></tr>
<tr><td>4）清洁消毒柜</td></tr>
<tr><td>5）清洁洗碗机</td></tr>
<tr><td rowspan="7">（3）清洁家具</td><td>1）清洁原木家具</td><td rowspan="7">（1）方法：演示法、实物示教法、实训（练习）法
（2）重点与难点：各类家具的清洁方法、技巧及注意事项</td><td rowspan="7">2</td></tr>
<tr><td>2）清洁板式家具</td></tr>
<tr><td>3）清洁皮革类家具</td></tr>
<tr><td>4）清洁聚氨酯漆面家具</td></tr>
<tr><td>5）清洁金属家具</td></tr>
<tr><td>6）清洁布艺家具</td></tr>
<tr><td>7）清洁藤艺家具</td></tr>
<tr><td rowspan="3">（4）清洁、消毒卫生洁具</td><td>1）清洁卫生洁具</td><td rowspan="3">（1）方法：演示法、实物示教法、实训（练习）法
（2）重点与难点：清洁卫生洁具的方法</td><td rowspan="3">1</td></tr>
<tr><td>2）消毒卫生洁具</td></tr>
<tr><td>3）注意事项</td></tr>
<tr><td rowspan="3">4．照护孕产妇与新生儿</td><td rowspan="3">4-1　照护孕妇</td><td rowspan="3">（1）制作孕妇膳食</td><td>1）孕妇的生理特点</td><td rowspan="3">（1）方法：讲授法、演示法、实训（练习）法
（2）重点：孕妇常规膳食的制作方法
（3）难点：孕妇膳食的基本特点及制作要求</td><td rowspan="3">3</td></tr>
<tr><td>2）孕妇膳食的基本特点及制作要求</td></tr>
<tr><td>3）制作孕妇常规膳食例：①水煮河虾
②番茄炒鸡蛋
③猪肝菠菜汤</td></tr>
</table>

续表

模块	课程	学习单元	课程内容	培训建议	课堂学时
4．照护孕产妇与新生儿	4–1 照护孕妇	（2）照护孕妇盥洗、沐浴、更衣	1）照护孕妇盥洗 2）照护孕妇沐浴 3）照护孕妇更衣	（1）方法：演示法、角色扮演法 （2）重点与难点：照护孕妇盥洗、沐浴、更衣的方法及注意事项	2
		（3）陪同孕妇出行	1）孕妇出行的准备 2）孕妇出行的流程 3）陪同孕妇出行的注意事项	（1）方法：讲授法、情景表演法 （2）重点与难点：灵活掌握不同出行条件下孕妇出行的照护方法	1
		（4）为孕妇做产前准备	1）为孕妇做产前准备的重要性 2）为孕妇做产前的心理准备 3）为孕妇做产前的物品准备	（1）方法：讲授法、案例教学法、实物示教法 （2）重点与难点：为孕妇做产前心理准备的内容和方法	2
	4–2 照护产妇	（1）制作产妇膳食	1）产妇膳食的基本特点及制作要求 ①自然分娩产妇 ②剖宫产产妇 2）制作常规膳食 例：①清炒虾仁 ②素炒三鲜 ③鲫鱼豆腐汤 3）制作催乳膳食 例：①黑鱼（花生米）汤 ②丝瓜蛋汤 ③通草鲶鱼汤	（1）方法：讲授法、演示法、实训（练习）法 （2）重点与难点：催乳膳食的制作方法	3
		（2）照护产妇盥洗、沐浴、更衣	1）产妇盥洗、沐浴、更衣的目的及要点 2）照护产妇盥洗 3）照护产妇沐浴 ①淋浴 ②床上擦浴 4）照护卧床产妇更换衣物	（1）方法：演示法、角色扮演法、情景表演法 （2）重点：照护产妇沐浴 （3）难点：照护卧床产妇更衣的方法和技巧	2

续表

模块	课程	学习单元	课程内容	培训建议	课堂学时
4．照护孕产妇与新生儿	4-2 照护产妇	（3）指导产妇喂哺新生儿	1）母乳喂养的好处及相关知识	（1）方法：讲授法、演示法、角色扮演法 （2）重点与难点：母乳喂养的方法及注意事项	2
			2）指导产妇母乳喂哺新生儿		
		（4）填写照护产妇工作日志	1）填写照护产妇工作日志的意义	（1）方法：讲授法、案例教学法 （2）重点与难点：正确填写照护产妇工作日志	1
			2）填写照护产妇工作日志		
	4-3 照护新生儿	（1）抱、放新生儿	1）正确抱、放新生儿的要点	（1）方法：演示法、实训练习法 （2）重点与难点：掌握正确抱、放新生儿的方法	1
			2）正确抱、放新生儿的方法		
			3）正确抱、放新生儿的注意事项		
		（2）穿脱、洗涤衣物	1）穿脱新生儿衣物	（1）方法：演示法、实训（练习）法 （2）重点：穿脱新生儿衣物的方法及注意事项 （3）难点：更换新生儿尿布的方法及注意事项	1
			2）洗涤新生儿衣物		
			3）更换新生儿尿布		
		（3）冲调奶粉	1）新生儿配方奶粉的种类	（1）方法：讲授法、演示法、实训（练习）法 （2）重点与难点：冲调奶粉的方法	1
			2）冲调奶粉的原则及方法		
		（4）给新生儿喂奶、喂水	1）给新生儿喂奶的方法及注意事项	（1）方法：讲授法、演示法、实训（练习）法 （2）重点与难点：给新生儿喂奶、喂水的方法及注意事项	1
			2）给新生儿喂水的方法及注意事项		

续表

模块	课程	学习单元	课程内容	培训建议	课堂学时
4．照护孕产妇与新生儿	4–3 照护新生儿	（5）预防和处理新生儿呛奶、呛水	1）新生儿呼吸、消化系统的特点	（1）方法：讲授法、演示法、情景表演法 （2）重点与难点：预防和处理新生儿呛奶、呛水的方法	2
			2）发生新生儿呛奶、呛水的原因		
			3）预防新生儿呛奶、呛水		
			4）处理新生儿呛奶、呛水		
		（6）清洗、消毒奶具	1）新生儿奶具的种类	（1）方法：演示法、观摩法 （2）重点与难点：消毒奶具的方法及注意事项	2
			2）清洗奶具的方法及注意事项		
			3）消毒奶具的方法及注意事项 ①蒸汽消毒 ②煮沸消毒		
		（7）照护新生儿盥洗、沐浴	1）照护新生儿盥洗	（1）方法：演示法、观摩法、实训（练习）法 （2）重点与难点：照护新生儿沐浴和脐部护理的方法及注意事项	4
			2）照护新生儿沐浴		
			3）新生儿脐部护理		
			4）新生儿臀部护理		
5．照护婴幼儿	5–1 照护膳食	（1）清洁、消毒膳食器具	1）清洁、消毒的基础知识	（1）方法：讲授法、演示法 （2）重点与难点：婴幼儿膳食器具的清洁、消毒方法	1
			2）常用膳食器具的清洁、消毒方法		
			3）注意事项		
		（2）冲调奶粉	1）冲调奶粉的方法	（1）方法：讲授法、演示法、实训（练习）法 （2）重点与难点：冲调奶粉的方法	1
			2）冲调奶粉的注意事项		

续表

模块	课程	学习单元	课程内容	培训建议	课堂学时
5．照护婴幼儿	5-1　照护膳食	（3）制作辅食	1）添加辅食的重要性	（1）方法：讲授法、演示法、实训（练习）法 （2）重点与难点：为各月龄段婴幼儿制作辅食的方法	4
			2）添加辅食的原则		
			3）各月龄段婴幼儿添加辅食方法及注意事项		
			4）制作辅食 例：①胡萝卜汁 ②番茄鸡蛋面 ③大米绿豆粥		
		（4）给婴幼儿喂奶、喂水、喂食	1）人工喂养的定义及优缺点	（1）方法：讲授法、演示法、实训（练习）法 （2）重点与难点：给婴幼儿喂奶的方法及注意事项	2
			2）常用乳品的种类		
			3）喂奶、喂水、喂食的方法及注意事项		
			4）预防及处理婴幼儿呛奶、呛水		
	5-2　照护起居	（1）抱、领婴幼儿	1）婴幼儿安全照护的注意事项	（1）方法：演示法、实训（练习）法 （2）重点与难点：抱、领婴幼儿的方法及注意事项	1
			2）抱、领婴幼儿的方法及注意事项		
		（2）为婴幼儿穿脱并洗涤衣物	1）为婴幼儿穿脱衣服 ①开襟 ②套头 ③连体衣 ④裤子	（1）方法：演示法、实训（练习）法 （2）重点与难点：穿脱婴幼儿衣服的方法	1
			2）洗涤婴幼儿衣物		
		（3）清洁、消毒婴幼儿玩具及用品	1）清洁、消毒婴幼儿玩具	（1）方法：讲授法、演示法 （2）重点与难点：婴幼儿用品的清洁与消毒方法	1
			1）清洁、消毒婴幼儿用品		
		（4）照护婴幼儿盥洗、沐浴	1）照护婴幼儿盥洗	（1）方法：讲授法、演示法、实训（练习）法 （2）重点与难点：照护婴幼儿沐浴的注意事项	1
			2）照护婴幼儿沐浴		
		（5）婴幼儿抚触	1）婴幼儿抚触的作用	（1）方法：演示法、实物示教法、实训（练习）法 （2）重点与难点：婴幼儿抚触的方法	4
			2）婴幼儿抚触		

续表

模块	课程	学习单元	课程内容	培训建议	课堂学时
5．照护婴幼儿	5–2 照护起居	（6）照护婴幼儿二便	1）婴幼儿二便的特点 2）观察二便异常情况 3）照护婴幼儿二便 4）更换尿布的方法 5）洗涤尿布的方法	（1）方法：讲授法、演示法、实训（练习）法 （2）重点与难点：观察二便的异常情况	2
		（7）训练婴幼儿“三浴”	1）“三浴”对婴幼儿生长发育的作用 2）训练婴幼儿“三浴”	（1）方法：讲授法、演示法 （2）重点与难点：训练婴幼儿“三浴”的方法及注	2
		（8）照护婴幼儿睡眠	1）睡眠的重要性 2）婴幼儿睡眠的特点及影响睡眠的因素 3）照护婴幼儿睡眠	（1）方法：讲授法、案例教学法 （2）重点与难点：安抚婴幼儿入睡	1
		（9）为婴幼儿测量体温	1）婴幼儿体温中枢的特点 2）体温计的种类 3）测量体温的方法	（1）方法：讲授法、演示法、实训（练习）法 （2）重点与难点：测量体温的方法	1
		（10）预防婴幼儿意外伤害	1）意外伤害类型 ①外伤 ②烧烫伤 ③动物咬伤 ④溺水 ⑤中毒 ⑥气管异物 ⑦防拐、防走失 2）预防意外伤害 ①公共场所的安全 ②居家安全 3）电子产品对婴幼儿的伤害	（1）方法：讲授法、演示法 （2）重点与难点：预防婴幼儿各种意外伤害的方法	2

续表

模块	课程	学习单元	课程内容	培训建议	课堂学时
6．照护老年人	6-1　照护膳食	（1）制作主食	1）老年人生理特点 2）老年人膳食特点 3）制作主食 ①杂粮饭 ②鸡蛋面 ③蔬菜粥	（1）方法：讲授法、演示法、实训（练习）法 （2）重点：老年人主食的制作方法 （3）难点：老年人的膳食特点	2
		（2）制作菜肴	1）菜肴制作要求 ①切肉的制作要求 ②炒菜的制作要求 ③肉食的制作要求 ④鱼类的制作要求 2）制作菜肴 例：①肉末豆腐 ②蘑菇什锦蒸 ③清蒸鲈鱼	（1）方法：演示法、观摩法、实训（练习）法 （2）重点与难点：老年人菜肴的制作方法	3
		（3）制作汤羹	1）汤羹制作要求 2）制作汤羹 例：①鱼头豆腐汤 ②山药排骨汤 ③银耳雪梨羹	（1）方法：演示法、观摩法、实训（练习）法 （2）重点与难点：老年人汤羹的制作方法	2
		（4）照护老年人进食、进水	1）老年人的饮食种类 2）照护老年人进食、进水	（1）方法：演示法、实训（练习）法 （2）重点与难点：照护老年人进食、进水的注意事项	1
	6-2　照护起居	（1）照护老年人盥洗	1）老年人盥洗的目的及要点 2）照护老年人盥洗	（1）方法：演示法、角色扮演法 （2）重点与难点：照护老年人盥洗的注意事项	2
		（2）照护老年人沐浴、更衣	1）照护老年人沐浴 2）照护老年人更衣 3）为老年人修剪指（趾）甲	（1）方法：演示法、情景模拟法 （2）重点与难点：照护老年人沐浴的注意事项	2

续表

模块	课程	学习单元	课程内容	培训建议	课堂学时
6．照护老年人	6–2　照护起居	（3）测量体温	1）体温计的种类 2）测量体温	（1）方法：演示法、实训（练习）法 （2）重点与难点：测量体温的方法	1
		（4）测量血压	1）血压计的种类 2）测量血压 ①使用水银柱血压计 ②使用电子血压计	（1）方法：演示法、实训（练习）法 （2）重点与难点：测量血压的方法	2
		（5）陪伴老年人外出	1）老年人外出基本常识及注意事项 2）陪伴老年人散步、购物、就医 3）预防老年人跌倒	（1）方法：讲授法、情景模拟法 （2）重点与难点：陪伴老年人外出的注意事项	1
7．照护病人	7–1　照护膳食	（1）制作膳食	1）病人饮食分类 2）病人膳食特点 3）制作膳食 ①制作主食：如小米粥 ②制作菜肴：如芙蓉蛋 ③制作汤羹：如山药排骨汤	（1）方法：讲授法、讨论法 （2）重点与难点：病人膳食的制作方法	3
		（2）病人进食、进水的护理	1）协助活动病人进食、进水 2）协助卧床病人进食、进水 3）协助吞咽困难病人进食、进水	（1）方法：演示法、角色扮演法、情景模拟法 （2）重点与难点：协助吞咽困难病人进食、进水	1
		（3）病人膳食用具的清洁、消毒、收纳	1）清洁病人膳食用具 2）消毒病人膳食用具 ①煮沸消毒 ②蒸汽消毒 ③消毒柜消毒 ④化学药物消毒 3）收纳病人膳食器具	（1）方法：讲授法、演示法 （2）重点与难点：消毒病人膳食器具的方法	2

续表

模块	课程	学习单元	课程内容	培训建议	课堂学时
7．照护病人	7–2　照护起居	（1）照护病人盥洗	1）护理自理病人盥洗 2）护理卧床病人盥洗	（1）方法：演示法、情景模拟法 （2）重点与难点：照护卧床病人盥洗的方法及注意事项	2
		（2）照护病人洗头、擦浴、翻身、更换衣物	1）照护卧床病人洗头 2）照护卧床病人擦浴 3）照护卧床病人翻身 4）照护卧床病人选择合适的衣物 5）照护卧床病人更换衣物	（1）方法：演示法、实训（练习）法 （2）重点与难点：照护卧床病人翻身的方法及注意事项	3
		（3）照护病人二便	1）大便的观察 2）尿液的观察 3）留置导尿管病人的护理 4）照护卧床病人大小便	（1）方法：讲授法、案例教学法 （2）重点与难点：识别异常大小便	2
		（4）测量生命体征	1）测量体温 ①基本知识 ②体温计的种类 ③测量方法及注意事项 ④体温计的清洁、消毒方法 2）测量脉搏 ①基本知识 ②测量方法及注意事项 3）测量血压 ①基本知识 ②血压计的种类 ③测量方法及注意事项 4）测量呼吸 ①基本知识 ②测量方法及注意事项	（1）方法：讲授法、演示法、实训（练习）法 （2）重点与难点：测量体温、脉搏、血压、呼吸的方法及注意事项	2

续表

模块	课程	学习单元	课程内容	培训建议	课堂学时
7．照护病人	7–2　照护起居	(5) 照护病人服药	1）用药基本知识 2）服药的方法及注意事项 ①服用固体药物的方法 ②服用液体药物的方法 ③服药后的注意事项	(1) 方法：讲授法、演示法、案例教学法 (2) 重点与难点：照护病人口服药物的注意事项	1
		(6) 照护病人使用轮椅	1）照护病人使用轮椅 ①照护病人坐轮椅 ②照护病人下轮椅 2）使用轮椅的注意事项	(1) 方法：演示法、实训（练习）法、角色扮演法 (2) 重点与难点：照护病人使用轮椅的方法	1
		(7) 照护病人使用拐杖	1）照护病人使用拐杖 ①照护病人行走时使用拐杖 ②照护病人站立时使用拐杖 ③照护病人上下楼梯时使用拐杖 2）使用拐杖的注意事项 3）预防跌倒	(1) 方法：演示法、实训（练习）法、角色扮演法 (2) 重点与难点：照护病人使用拐杖的方法	2
		(8) 陪伴病人就诊	1）诊前准备 2）就诊流程 3）急诊就医 ①紧急就医的情况 ②呼叫救护车的注意事项	(1) 方法：讲授法、案例教学法、情景模拟法 (2) 重点：就诊流程 (3) 难点：陪伴病人急诊就医的注意事项	1
课堂学时合计 （照护孕产妇与新生儿 / 照护婴幼儿 / 照护老年人 / 照护病人）					80/76/68/72

2.2.3 中级职业技能培训课程规范

<table>
<tr><th>模块</th><th>课程</th><th>学习单元</th><th>课程内容</th><th>培训建议</th><th>课堂学时</th></tr>
<tr><td rowspan="15">1. 制作家庭餐</td><td rowspan="13">1-1 加工配菜</td><td rowspan="2">（1）制作馅料</td><td>1）馅料的种类</td><td rowspan="2">（1）方法：讲授法、演示法、实训（练习）法
（2）重点与难点：馅料的调制方法和注意事项</td><td rowspan="2">1</td></tr>
<tr><td>2）调制馅料
例：①调制豆沙馅
②调制肉菜馅
③制作素菜馅</td></tr>
<tr><td rowspan="3">（2）水发干制植物性原料</td><td>1）常见干制植物原料特性</td><td rowspan="3">（1）方法：讲授法、演示法、实训（练习）法
（2）重点与难点：水发干制植物性原料的方法</td><td rowspan="3">1</td></tr>
<tr><td>2）水发的方法
①冷水发
②热水发
③碱水发</td></tr>
<tr><td>3）对食物原料进行涨发
①涨发香菇、玉兰片
②涨发木耳</td></tr>
<tr><td rowspan="4">（3）码味、拍粉、上浆、挂糊</td><td>1）码味</td><td rowspan="4">（1）方法：讲授法、演示法、实训（练习）法
（2）重点与难点：对食物原料进行码味、拍粉、上浆、挂糊的操作方法</td><td rowspan="4">1</td></tr>
<tr><td>2）拍粉</td></tr>
<tr><td>3）上浆
①水粉浆
②蛋清浆
③蛋黄浆</td></tr>
<tr><td>4）挂糊
①水粉糊
②全蛋糊</td></tr>
<tr><td rowspan="4">（4）菜肴勾芡</td><td>1）调制单纯芡粉汁</td><td rowspan="4">（1）方法：讲授法、演示法、实训（练习）法
（2）重点与难点：菜肴的勾芡方法</td><td rowspan="4">1</td></tr>
<tr><td>2）调制调味品芡粉汁</td></tr>
<tr><td>3）勾芡
①摇推
②翻拌</td></tr>
<tr><td>4）技术要点：投入时间、油量、汤汁量等</td></tr>
<tr><td rowspan="2">1-2 烹制膳食</td><td rowspan="2">（1）冷菜拼盘</td><td>1）拼盘的操作步骤
①垫底
②围边
③装面</td><td rowspan="2">（1）方法：讲授法、演示法、实训（练习）法
（2）重点与难点：复合原料的冷菜拼盘的制作方法</td><td rowspan="2">2</td></tr>
<tr><td>2）拼盘的拼法
①双拼
②三拼</td></tr>
</table>

续表

模块	课程	学习单元	课程内容	培训建议	课堂学时
1．制作家庭餐	1-2　烹制膳食	（2）制作主食	1）煎制主食 例：生煎包	（1）方法：讲授法、演示法、实训（练习）法 （2）重点与难点：煎、烤、烙技术方法	4
			2）烤制主食 例：烤馒头片		
			3）烙制主食 例：烙馅饼		
		（3）烹制菜肴	1）煎制菜肴 例：杏鲍菇培根卷	（1）方法：讲授法、演示法、实训（练习）法 （2）重点与难点：运用各种烹饪技术方法制作菜肴	10
			2）炖制菜肴 例：东坡肉		
			3）汆制菜肴 例：白灼耗油油菜		
			4）烩制菜肴 例：家常烩菜		
			5）烧制菜肴 例：红烧牛肉		
			6）焖制菜肴 例：油焖大虾		
2．洗烫衣物	2-1　洗涤衣物	（1）洗涤羽绒类衣物	1）羽绒类衣物的特点	（1）方法：讲授法、演示法、实物示教法 （2）重点与难点：洗涤羽绒类衣物的方法及注意事项	1
			2）洗涤羽绒类衣物的方法		
			3）注意事项		
		（2）洗涤丝绸类衣物	1）丝绸类衣物的特点	（1）方法：讲授法、演示法、实物示教法 （2）重点与难点：洗涤丝绸类衣物的方法及注意事项	1
			2）洗涤丝绸类衣物		
			3）注意事项		
		（3）洗涤毛织品衣物	1）毛织品衣物的特点	（1）方法：讲授法、演示法、实物示教法 （2）重点与难点：洗涤毛织品衣物的方法及注意事项	2
			2）洗涤毛织品衣物		
			3）注意事项		

续表

模块	课程	学习单元	课程内容	培训建议	课堂学时
2．洗烫衣物	2-2　熨烫衣物	（1）熨烫衣物	1）熨烫三要素：温度、湿度、压力	（1）方法：讲授法、演示法、实物示教法、实训（练习）法 （2）重点与难点：熨烫衣物的方法及注意事项	4
			2）常用熨烫设备的使用 ①熨斗的使用 ②挂烫机的使用		
			3）熨烫衣物 ①熨烫衬衫 ②熨烫领带 ③熨烫西装 ④熨烫套裙		
3．保洁家居	3-1　保洁家居设施	（1）保洁设备的使用与保养	1）机械保洁设备的使用与保养：吸尘器	（1）方法：讲授法、演示法、实物示教法、实训（练习）法 （2）重点与难点：保洁设备的使用方法及注意事项	1
			2）智能保洁设备的使用与保养：智能扫地机器人		
		（2）保洁居室装饰墙面	1）居室装饰墙面的种类	（1）方法：演示法、实物示教法、实训（练习）法 （2）重点与难点：保洁居室装饰墙面的方法及注意事项	2
			2）保洁居室装饰墙面 ①保洁硅藻泥墙面 ②保洁石材墙面		
		（3）保洁居室地板	1）居室地板的种类	（1）方法：演示法、实物示教法、实训（练习）法 （2）重点与难点：保洁居室地板	1
			2）保洁居室地板 ①保洁实木地板 ②保洁强化木地板 ③保洁竹木地板		
	3-2　保洁家居用品	（1）清洁、养护皮革类家居用品	1）清洁、养护皮革类家居用品养护的方法及注意事项	（1）方法：演示法、实物示教法、实训（练习）法 （2）重点与难点：清洁、养护皮革类家居用品的方法及注意事项	1
			2）清洁、养护皮质沙发		
			3）清洁、养护人造革座椅		
		（2）清洁、养护板式家具	1）清洁、养护板式家具的方法	（1）方法：演示法、实物示教法、实训（练习）法 （2）重点与难点：清洁、养护板式家具的方法及注意事项	1
			2）清洁、养护板式家具的注意事项		

续表

模块	课程	学习单元	课程内容	培训建议	课堂学时
3．保洁家居	3-2　保洁家居用品	（3）清洁、养护厨房操作台面	1）厨房操作台面材质的种类	（1）方法：讲授法、演示法、实训（练习）法 （2）重点与难点：清洁、养护厨房操作台面的方法及注意事项	1
			2）清洁、养护厨房操作台面的方法及注意事项		
			3）清洁、养护人造石操作台面		
			4）清洁、养护不锈钢操作台面		
		（4）清洁、养护挂毯和地毯	1）清洁、养护挂毯和地毯的常见方法和注意事项	（1）方法：讲授法、演示法 （2）重点与难点：清洁、养护挂毯和地毯的方法及注意事项	1
			2）清洁、养护纯毛地毯		
			3）清洁、养护混纺挂毯		
4．照护孕产妇与新生儿	4-1　照护孕妇	（1）制作孕妇营养膳食	1）孕期各阶段的营养需求及食物来源	（1）方法：讲授法 （2）重点：制作孕妇孕期营养膳食 （3）难点：制订孕期各阶段营养膳食计划	3
			2）孕期各阶段营养膳食计划的制订原则		
			3）制作孕期营养膳食例：①山药红枣粥 ②清蒸鲈鱼 ③羊肉汤		
		（2）乳房护理	1）乳房的构造以及孕期乳腺的生理变化	（1）方法：讲授法、案例教学法 （2）重点：乳房护理的方法及注意事项 （3）难点：平坦及凹陷乳头的矫正	1
			2）乳房护理的要点 ①日常清洁 ②正确按摩 ③养护乳房皮肤 ④遵医嘱进行乳头纠正		
			3）指导孕妇进行乳房护理的方法及注意事项		
		（3）指导孕妇进行安全自护	1）孕妇安全自护的目的及要点	（1）方法：讲授法、案例教学法 （2）重点与难点：孕妇安全自护的方法	1
			2）孕妇安全自护的方法 ①加强孕妇安全自护意识 ②孕妇着装、居住环境的要求 ③孕妇工作、居家、外出、运动的注意事项		

续表

模块	课程	学习单元	课程内容	培训建议	课堂学时
4. 照护孕产妇与新生儿	4-2 照护产妇	（1）制作产妇膳食	1）制作营养膳食 例：①小米红薯粥 ②蒜蓉丝瓜 ③番茄烩牛腩	（1）方法：讲授法、演示法、实训（练习）法 （2）重点与难点：制作产妇催乳膳食的方法及注意事项	8
			2）制作催乳膳食 例：①通草鲫鱼汤 ②乌鸡汤 ③黄豆猪蹄汤		
			3）制作加餐餐点 例：①全麦吐司 ②紫薯包 ③鲜肉馄饨		
		（2）乳房护理	1）产后乳房的生理结构及特征	（1）方法：讲授法、演示法、实训（练习）法 （2）重点：乳房护理的方法 （3）难点：了解产后乳房的生理结构及特征	1
			2）乳房护理的方法及注意事项		
		（3）吸奶器的使用	1）使用吸奶器	（1）方法：演示法、实训（练习）法 （2）重点与难点：使用吸奶器的方法	1
			2）清洗吸奶器		
			3）消毒吸奶器 ①蒸汽消毒 ②煮沸消毒		
		（4）产妇形体恢复操	1）产妇做形体恢复操的意义	（1）方法：演示法、角色扮演法 （2）重点与难点：产后形体恢复操的做法	3
			2）产后形体恢复操的类型		
			3）产后形体恢复操的做法		
			4）产后科学康复方法及注意事项		
	4-3 照护新生儿	（1）给新生儿喂药	1）给新生儿喂药的要点	（1）方法：讲授法、演示法、情景表演法 （2）重点与难点：给新生儿喂药的方法	1
			2）给新生儿喂药的方法		

续表

模块	课程	学习单元	课程内容	培训建议	课堂学时
4．照护孕产妇与新生儿	4–3　照护新生儿	（2）照护新生儿二便	1）新生儿二便的特点	（1）方法：讲授法、演示法、案例教学法 （2）重点与难点：新生儿异常二便的识别	2
			2）照护新生儿二便		
			3）新生儿异常二便的识别		
		（3）给新生儿做抚触	1）新生儿抚触的好处	（1）方法：演示法、观摩法、实训（练习）法 （2）重点与难点：给新生儿做抚触的方法、流程及注意事项	3
			2）给新生儿做抚触的方法、流程及注意事项		
5．照护婴幼儿	5–1　照护膳食	（1）制作膳食	1）营养素与婴幼儿生长发育的关系	（1）方法：讲授法、演示法、实训（练习）法 （2）重点与难点：制作营养膳食的方法及注意事项	4
			2）不同月龄段婴幼儿膳食的特点与调配原则		
			3）不同年龄段婴幼儿膳食的制作方法 例：①南瓜泥 ②什锦蛋羹 ③鲜肉馄饨		
			4）注意事项		
	5–2　照护起居	（1）给婴幼儿说儿歌、讲故事	1）婴幼儿语言发展规律	（1）方法：讲授法、演示法、情景表演法 （2）重点与难点：给婴幼儿说儿歌、讲故事的基本要求及注意事项	2
			2）给婴幼儿说儿歌、讲故事的基本要求及注意事项		
		（2）训练婴幼儿抬头、翻身	1）抬头、翻身能力发展的作用	（1）方法：讲授法、情景表演法 （2）重点与难点：训练婴幼儿抬头、翻身的方法及注意事项	1
			2）训练婴幼儿抬头		
			3）训练婴幼儿翻身		

续表

模块	课程	学习单元	课程内容	培训建议	课堂学时
5．照护婴幼儿	5–2　照护起居	（3）训练婴幼儿坐、爬、站立、行走	1）坐、爬、站立、行走对生长发育的作用	（1）方法：讲授法、情景表演法 （2）重点与难点：爬和行走的训练方法及注意事项	1
			2）训练婴幼儿坐、爬、站立、行走的方法及注意事项		
6．照护老年人	6–1　料理膳食	（1）制定日常食谱	1）老年人三餐的营养需求	（1）方法：讲授法、讨论法 （2）重点与难点：制定日常食谱的方法及注意事项	2
			2）老年人必需营养素的食物来源		
			3）制定日常食谱的方法及注意事项		
		（2）制作主食	1）老年人主食的制作要求	（1）方法：讲授法、演示法、实训（练习）法 （2）重点与难点：制作主食的方法及注意事项	2
			2）制作主食 例：①红薯粥 ②杂粮面 ③素蒸饺		
		（3）制作菜肴	1）老年人菜肴的制作要求	（1）方法：讲授法、演示法、实训（练习）法 （2）重点与难点：制作菜肴的方法及注意事项	2
			2）制作菜肴 例：①四喜丸子 ②豉蒸鸡 ③洋葱炒猪肝		
		（4）制作汤羹	1）老年人汤羹的制作要求	（1）方法：讲授法、演示法、实训（练习）法 （2）重点与难点：制作汤羹的方法及注意事项	2
			2）制作汤羹 例：①山药红枣猪蹄汤 ②蛤蜊丝瓜汤 ③家常羹		
	6–2　照护起居	（1）与老年人交流并疏导不良情绪	1）老年人的心理特点及情感特点	（1）方法：讲授法、情景表演法、角色扮演法 （2）重点与难点：灵活运用沟通技巧与老年人进行情感沟通	2
			2）与老年人交流技巧		
			3）观察老年人的不良情绪		
			4）疏导老年人的不良情绪		

续表

模块	课程	学习单元	课程内容	培训建议	课堂学时
6．照护老年人	6–2　照护起居	（2）指导老年人进行休闲、娱乐	1）给老年人进行休闲娱乐的目的 2）给老年人读书、读报 3）指导老年人使用计算机 4）指导老年人使用智能手机 5）预防电信、网络诈骗	（1）方法：讲授法、情景表演法 （2）重点：指导老年人使用智能手机 （3）难点：预防电信、网络故障	2
7．照护病人	7–1　料理膳食	（1）制作治疗膳食	1）病人的营养需求及来源 2）治疗膳食的分类及制作要求	（1）方法：讲授法、演示法、实训（练习）法 （2）重点与难点：制作辅助治疗膳食的方法及注意事项	3
		（2）制作管灌膳食	1）管灌膳食的基本知识 ①适用范围 ②禁忌证 2）制作管灌膳食的方法及注意事项	（1）方法：讲授法、演示法、实训（练习）法 （2）重点与难点：制作管灌膳食的方法及注意事项	2
		（3）鼻导管喂食	1）鼻导管喂食的基本知识 ①适用范围 ②禁忌证 2）鼻导管喂食的方法及注意事项	（1）方法：演示法、实训（练习）法 （2）重点与难点：鼻导管喂食的方法及注意事项	1
	7–2　照护起居	（1）与病人进行情感交流	1）语言沟通的技巧 2）病人的情感特点 3）与病人进行情感交流的方法	（1）方法：讲授法、情境模拟法、案例教学法 （2）重点与难点：针对不同性格病人进行情感交流	2

续表

模块	课程	学习单元	课程内容	培训建议	课堂学时
7．照护病人	7–2　照护起居	（2）疏导不良情绪	1）病人常见不良情绪	（1）方法：讲授法、情景表演法、角色扮演法 （2）重点与难点：疏导病人不良情绪的方法	1
			2）疏导病人不良情绪		
		（3）口腔护理	1）清洁口腔的目的	（1）方法：讲授法、演示法、实训（练习）法 （2）重点与难点：清洁口腔的方法	1
			2）清洁口腔的方法		
			3）口腔护理的注意事项		
		（4）更换床单、被褥	1）更换床单、被褥的目的及要点	（1）方法：讲授法、演示法、实训（练习）法 （2）重点与难点：为卧床病人更换床单、被褥的方法	2
			2）为卧床病人更换床单、被褥		
		（5）冷敷护理	1）冷敷的目的	（1）方法：讲授法、演示法、情景表演法 （2）重点与难点：冷敷的方法	1
			2）冷敷的方法及注意事项		
			3）冷敷的禁忌证		
		（6）热敷护理	1）热敷的目的	（1）方法：讲授法、演示法、情景表演法 （2）重点与难点：热敷的方法	1
			2）热敷的方法及注意事项		
			3）热敷的禁忌证		
		（7）煎服中草药	1）为病人煎煮中草药	（1）方法：讲授法、演示法 （2）重点与难点：煎煮中草药的注意事项	2
			2）照护病人服用中草药		
课堂学时合计 （照护孕产妇与新生儿 / 照护婴幼儿 / 照护老年人 / 照护病人）					60/44/48/52

2.2.4 高级职业技能培训课程规范

模块	课程	学习单元	课程内容	培训建议	课堂学时
1．制作家庭餐	1-1 加工配菜	（1）拼摆复合水果拼盘	1）拼盘原料选择方法	（1）方法：讲授法、演示法、实训（练习）法 （2）重点与难点：制作水果拼盘的方法	4
			2）拼盘制作的 3 种方法 ①排 ②围 ③堆		
			3）拼盘常用的刀法		
			4）制作水果拼盘		
		（2）加工海鲜类食物原料	1）海鲜食用前处理方法 ①海鱼 ②贝类 ③虾、蟹 ④海蜇 ⑤干货	（1）方法：讲授法、演示法、实训（练习）法 （2）重点与难点：加工海鲜类食物原料的方法	3
			2）海鲜的常见做法及注意事项 ①熟食法 ②生食法 ③干腊法 ④腌食法		
		（3）油发干制食物原料	1）油发的方法 ①油炸 ②水浸 ③漂清	（1）方法：讲授法、演示法 （2）重点与难点：油发干制食物的方法	2
			2）油发鱼肚		
		（4）调制醋椒味、鱼香味	1）醋椒味、鱼香味的特点	（1）方法：讲授法、演示法、实训（练习）法 （2）重点与难点：调制醋椒味、鱼香味的方法	1
			2）调制醋椒味		
			3）调制鱼香味		

续表

模块	课程	学习单元	课程内容	培训建议	课堂学时
1．制作家庭餐	1–2　烹制膳食	（1）制作汤羹	1）制作清汤	（1）方法：讲授法、演示法、实训（练习）法 （2）重点与难点：制作清汤、浓汤、素汤的方法	2
			2）制作浓汤		
			3）制作素汤		
		（2）制作茸胶菜品	1）鱼、虾、鸡类茸的特点	（1）方法：讲授法、演示法、实训（练习）法 （2）重点与难点：制作茸胶菜品的方法	2
			2）制作茸胶菜品 例：清汤鱼丸		
		（3）烹制菜肴	1）烤制菜肴 例：蒜蓉生蚝	（1）方法：演示法、实训（练习）法 （2）重点与难点：运用烤、熘、爆、扒、煨等技法烹制菜肴的方法	6
			2）熘制菜肴 例：醋溜白菜		
			3）爆制菜肴 例：葱爆羊肉		
			4）扒制菜肴 例：蚝油杏鲍菇		
			5）煨制菜肴 例：萝卜煨牛腩		
		（4）制作糕点	1）糕点的特点	（1）方法：讲授法、演示法、实训（练习）法 （2）重点与难点：制作糕点的方法	4
			2）制作糕点的工具		
			3）制作中餐糕点 例：①烧卖 ②绿豆糕 ③南瓜饼		
			4）制作西餐糕点 例：①奶酪三明治 ②葡式蛋挞 ③黑森林蛋糕		
		（5）研磨咖啡豆并冲煮咖啡	1）研磨咖啡豆的方法	（1）方法：讲授法、演示法、实物示教法 （2）重点与难点：煮制咖啡的方法	2
			2）冲泡咖啡		
			3）煮制咖啡		

续表

模块	课程	学习单元	课程内容	培训建议	课堂学时
2．美化家居	2–1　美化居室	（1）花材的分类与选择	1）花材的分类 ①按花材性质分类 ②按所属器官分类 ③按形态分类 ④按构图作用分类	（1）方法：讲授法、演示法、实物示教法 （2）重点与难点：花材的识别和选择	2
			2）常用花语及选花常识		
		（2）插摆花卉	1）插花的工具	（1）方法：演示法、实物示教法、实训（练习）法 （2）重点与难点：花卉造型的插摆	4
			2）花器的种类		
			3）插花的步骤		
			4）插花种类		
			5）插花造型的原则及方法		
			6）插花作品的保鲜和养护方法		
		（3）摆放家具和饰品	1）摆放家具	（1）方法：讲授法、观摩法、实物示教法 （2）重点与难点：家具和饰品的摆放	1
			2）摆放饰品		
	2–2　美化庭院	（1）花木养护	1）花木生长的特点	（1）方法：讲授法、演示法、实物示教法 （2）重点与难点：养护花木的方法	1
			2）养护花木的方法		
		（2）修剪庭院草坪与绿篱	1）草坪机的种类及其使用方法	（1）方法：讲授法、演示法、实训（练习）法 （2）重点与难点：修剪草坪与绿篱的方法	1
			2）修剪草坪		
			3）修剪绿篱		
		（3）摆放和养护庭院绿植	1）庭院绿植的种类	（1）方法：讲授法、演示法、观摩法、实训（练习）法 （2）重点与难点：摆放和养护庭院绿植的要点	1
			2）摆放庭院绿植		
			3）养护庭院绿植		

续表

模块	课程	学习单元	课程内容	培训建议	课堂学时
3．照护孕产妇与新生儿	3–1 照护孕妇	（1）制作营养膳食	1）制作营养膳食 例：①清蒸鲈鱼 ②板栗仔鸡 ③枸杞西米银耳羹	（1）方法：演示法、讨论法、实训（练习）法 （2）重点与难点：制作营养膳食的方法	3
		（2）指导孕妇胎教	1）胎教的种类	（1）方法：讲授法、演示法、案例教学法 （2）重点与难点：指导孕妇胎教的基本方法	1
			2）指导孕妇胎教的基本方法及注意事项		
		（3）疏导孕妇不良情绪	1）孕妇的心理特点	（1）方法：讲授法、案例教学法、角色扮演法 （2）重点与难点：灵活掌握各种不良情绪的疏导方法	2
			2）孕妇各种不良情绪的表现		
			3）疏导孕妇不良情绪		
		（4）妊娠期常见疾病的表现与护理	1）妊娠期高血压疾病的表现与护理	（1）方法：讲授法、案例教学法 （2）重点：妊娠期常见疾病的护理方法 （3）难点：识别妊娠期常见疾病	2
			2）妊娠合并糖尿病的表现与护理		
			3）先兆流产及先兆早产的表现与护理		
			4）前置胎盘及胎盘早剥的表现与护理		
			5）胎膜早破的表现与护理		
	3–2 照护产妇	（1）制作催乳膳食	1）产妇催乳膳食的基本特点	（1）方法：演示法、实训（练习）法 （2）重点与难点：制作催乳膳食的方法及注意事项	4
			2）制作催乳膳食 例：①黄芪虾仁汤 ②海参花胶肉骨汤 ③花胶补血养颜汤		

续表

模块	课程	学习单元	课程内容	培训建议	课堂学时
3．照护孕产妇与新生儿	3-2 照护产妇	（2）按摩乳房、疏通乳腺管	1）产妇乳房肿胀的原因 2）产妇乳房按摩的目的及方法 3）疏通堵塞乳腺管的基本方法	（1）方法：演示法、实训（练习）法 （2）重点与难点：疏通堵塞乳腺的方法	4
		（3）处置产妇乳头凹陷和皲裂	1）产妇乳头凹陷和皲裂的原因 2）产妇乳头凹陷的纠正 3）产妇乳头皲裂的护理	（1）方法：讲授法、演示法、实训（练习）法 （2）重点与难点：乳头凹陷的纠正和乳头皲裂的护理方法	2
		（4）照护产妇恶露	1）恶露的概念及种类 2）观察产妇恶露 3）照护产妇恶露	（1）方法：讲授法 （2）重点与难点：识别产妇恶露的异常	1
		（5）照护产妇伤口	1）识别自然分娩产妇的会阴伤口位置 2）照护会阴伤口 3）照护剖宫产产妇伤口	（1）方法：讲授法、演示法 （2）重点与难点：照护产妇伤口的方法	1
		（6）疏导产妇不良情绪	1）产妇的心理特点 2）产妇不良情绪产生的原因 ①健康知识掌握情况 ②身体恢复情况 ③分娩情况 ④新生儿情况 ⑤情感支持情况 3）疏导产妇不良情绪的方法 4）预防产后抑郁症 ①特征 ②危害性 ③引导家属重视产后抑郁症的及时治疗	（1）方法：讲授法、案例教学法、角色扮演法 （2）重点：疏导不良情绪的方法 （3）难点：产后抑郁症的发现与及时引导治疗	2

续表

模块	课程	学习单元	课程内容	培训建议	课堂学时
3．照护孕产妇与新生儿	3-3 照护新生儿	（1）照护患黄疸的新生儿	1）鉴别不同类型黄疸的表现 ①生理性黄疸 ②病理性黄疸 ③母乳性黄疸	（1）方法：讲授法、案例教学法 （2）重点：照护患黄疸的新生儿的方法 （3）难点：鉴别新生儿不同类型黄疸的表现	2
			2）照护患有生理性黄疸的新生儿		
			3）照护患有母乳性黄疸的新生儿		
		（2）照护体重异常的新生儿	1）新生儿体重异常的原因	（1）方法：讲授法、案例教学法 （2）重点：体重异常新生儿的照护方法 （3）难点：照护体重异常新生儿的注意事项	2
			2）照护早产儿		
			3）照护低出生体重儿		
			4）照护巨大儿		
		（3）发现并应对新生儿的异常情况	1）新生儿常见的异常情况	（1）方法：案例教学法、观摩法 （2）重点与难点：新生儿异常情况的识别及应对	2
			2）及时应对新生儿的异常情况		
4．照护婴幼儿	4-1 功能训练	（1）婴幼儿大动作训练	1）做视听觉操	（1）方法：讲授法、演示法 （2）重点与难点：被动操的节奏及手法	4
			2）做被动操		
			3）做主被动操		
			4）做头部模仿操		
			5）做肢体模仿操		
		（2）婴幼儿语言训练	1）语言训练的意义	（1）方法：讲授法、角色扮演法、情景表演法 （2）重点与难点：跟婴幼儿进行语言交流	2
			2）语言训练的方法 ①引导法 ②交流法 ③图画法		

续表

模块	课程	学习单元	课程内容	培训建议	课堂学时
4．照护婴幼儿	4-1 功能训练	（3）婴幼儿生活自理能力训练	1）生活自理能力训练的意义	（1）方法：讲授法、演示法、情景表演法 （2）重点与难点：要求婴幼儿配合家政服务员的训练	2
			2）不同月龄婴幼儿生活自理能力训练的内容		
			3）不同月龄婴幼儿生活自理能力训练的方法		
		（4）婴幼儿认知能力训练	1）婴幼儿认知能力训练的意义	（1）方法：讲授法、演示法、实物示教法 （2）重点与难点：训练婴幼儿认知能力的方法	2
			2）婴幼儿认知能力训练的内容		
			3）婴幼儿认知能力训练的方法 ①色彩识别 ②事物识别		
	4-2 照护起居	（1）制订婴幼儿日间照护计划	1）制订我国北方地区不同月龄婴幼儿日间照护计划	（1）方法：讲授法、情景表演法、角色扮演法 （2）重点与难点：了解日间照护的内容并合理安排	2
			2）制订我国南方地区婴幼儿日间照护计划		
		（2）婴幼儿计划免疫	1）免疫、计划免疫的定义	（1）方法：讲授法 （2）重点与难点：接种后的观察	2
			2）接种前的准备		
			3）接种的内容		
			4）接种后的护理		
		（3）发现并应对婴幼儿异常情况	1）啼哭方面异常情况的表现和应对	（1）方法：讲授法、演示法 （2）重点与难点：及时发现异常情况	2
			2）精神状态方面异常情况的表现和应对		
			3）食欲方面异常情况的表现和应对		
			4）睡眠方面异常情况的表现和应对		
			5）便溺方面异常情况的表现和应对		
			6）呼吸方面异常情况的表现和应对		

续表

模块	课程	学习单元	课程内容	培训建议	课堂学时
4．照护婴幼儿	4-2 照护起居	（4）照护患常见病的婴幼儿	1）湿疹的症状和护理方法	（1）方法：讲授法、演示法 （2）重点与难点：常见病症状和护理方法	2
			2）上呼吸道感染的症状和护理方法		
		（5）婴幼儿意外伤害的处理	1）常见意外伤害的处理	（1）方法：讲授法、案例教学法 （2）重点与难点：常见意外伤害的处理	4
			2）注意事项		
5．照护病人	5-1 康复护理	（1）给瘫痪病人做康复训练	1）瘫痪病人肢体康复训练方法 ①肢体被动运动方法 ②按摩手法	（1）方法：演示法、观摩法、角色扮演法 （2）重点与难点：给瘫痪病人做肢体被动运动的方法	2
			2）瘫痪病人肢体康复训练的注意事项		
		（2）压疮的护理	1）压疮的形成机理 ①压疮发生的原因 ②压疮的分期	（1）方法：讲授法、案例教学法、角色扮演法 （2）重点与难点：压疮的护理方法	2
			2）压疮的好发部位		
			3）压疮的预防方法		
			4）压疮的护理方法 ①淤血红润期护理 ②炎症浸润期护理 ③溃疡期护理		
	5-2 心肺复苏技术	（1）心肺复苏技术	1）心肺复苏技术的基本知识	（1）方法：演示法、情景表演法、案例教学法、角色扮演法 （2）重点：心肺复苏的操作方法 （3）难点：能够运用心肺复苏技术救护危重病人	4
			2）心肺复苏技术的操作方法及注意事项		

续表

模块	课程	学习单元	课程内容	培训建议	课堂学时
6．职业指导与管理	6-1　职业培训	（1）培训初级、中级家政服务员	1）初级家政服务员培训内容 2）中级家政服务员培训内容 3）教学技巧 ①教学设计 ②教学方法 ③课堂教学技能 4）培训初级、中级家政服务员 ①确认培训对象需求 ②根据课程规范拟订培训计划 ③做好培训准备 ④实施培训 ⑤培训效果评估 ⑥培训后整理	（1）方法：讲授法、情景表演法、角色扮演法 （2）重点与难点：培训初级、中级家政服务员的方法和技巧	4
		（2）评估家政服务员工作绩效	1）评估工作绩效基本知识 2）工作绩效报告内容及编写方法 3）评估初级、中级家政服务员的工作绩效 ①确立评估目标 ②确定评估计划 ③实施评估 ④后续管理	（1）方法：讲授法、讨论法 （2）重点与难点：评估家政服务员的工作绩效	4
课堂学时合计 （照护孕产妇与新生儿 / 照护婴幼儿 / 照护病人）					72/64/52

2.2.5 技师职业技能培训课程规范

模块	课程	学习单元	课程内容	培训建议	课堂学时
1．料理家宴	1-1 家宴准备	（1）家宴及家宴方案基本知识	1）家庭宴请的概念及分类 ①宴请的菜式 ②宴请的性质和主题	（1）方法：讲授法、讨论法 （2）重点与难点：家庭宴请方案编制方法	1
			2）宴请方案的编制 ①编制内容 ②家宴方案编制原则		
		（2）编制中餐家宴方案	1）设计中餐家宴的菜点	（1）方法：讲授法、讨论法、实训（练习）法 （2）重点与难点：中餐家宴方案编制方法	2
			2）编制中餐家宴的方案		
			3）注意事项		
		（3）编制西餐家宴方案	1）设计西餐家宴的菜点	（1）方法：讲授法、讨论法、实训（练习）法 （2）重点与难点：西餐家宴方案编制方法	2
			2）编制西餐家宴的方案		
			3）注意事项		
		（4）依据家宴方案准备家宴用品	1）家宴用品的分类 ①中餐宴请用品 ②西餐宴请用品	（1）方法：讲授法、演示法、实训（练习）法 （2）重点与难点：家宴餐饮用具的选配	2
			2）家宴用品的选用 ①盛器的选配 ②茶具的选配 ③酒具的选配		
			3）餐具、酒具的清洗与保养 ①清洗方法 ②揩擦方法 ③存放保养		

续表

模块	课程	学习单元	课程内容	培训建议	课堂学时
1．料理家宴	1-1 家宴准备	（5）依据家宴主题进行环境布置	1）家宴环境布置的意义	（1）方法：讲授法、情景表演法、实训（练习）法 （2）重点与难点：不同主题家宴环境的布置方法	2
			2）家宴环境的布置要素 ①灯光 ②音效 ③餐台 ④饰品		
			3）根据不同主题家宴进行环境布置 例：①寿宴 ②生日宴 ③迎送宴 ④纪念宴 ⑤节日宴		
		（6）中餐宴席摆台	1）餐台及台布的选择 ①台布的种类 ②餐台的选用 ③台布的配用	（1）方法：讲授法、演示法、情景表演法、实训（练习）法 （2）重点与难点：中餐宴席摆台技能	2
			2）铺设餐桌台布 ①铺设前的准备 ②餐桌台布铺设要求		
			3）中餐宴席摆台 ①摆台前的准备 ②中餐宴席摆台 ③摆台操作注意事项		
		（7）西餐宴席摆台	1）餐台及台布的选择 ①台布的种类 ②餐台的选用 ③台布的配用	（1）方法：讲授法、演示法、情景表演法、实训（练习）法 （2）重点与难点：西餐宴席摆台技能	2
			2）铺设餐桌台布 ①铺设前的准备 ②餐桌台布铺设要求		
			3）西餐宴席摆台 ①摆台前的准备 ②西餐宴席摆台 ③摆台操作注意事项		

续表

模块	课程	学习单元	课程内容	培训建议	课堂学时
1. 料理家宴	1-1　家宴准备	（8）餐巾折花	1）餐巾折花造型种类	（1）方法：讲授法、演示法、实训（练习）法 （2）重点与难点：餐巾折花的技法	3
			2）餐巾折花造型选择 ①根据宴会的性质选择 ②根据宗教信仰选择 ③根据接待对象选择		
			3）折花前的准备工作		
			4）餐巾折花的基本技法		
			5）餐巾折花的摆放要求		
	1-2　家宴服务	（1）依据家宴方案制作中式菜肴	1）八大菜系的特点 ①鲁菜（山东）特点 ②川菜（四川）特点 ③粤菜（广东）特点 ④苏菜（江苏）特点 ⑤闽菜（福建）特点 ⑥浙菜（浙江）特点 ⑦湘菜（湖南）特点 ⑧徽菜（徽州）特点 ⑨其他地方特色菜特点	（1）方法：讲授法、演示法、实训（练习）法 （2）重点与难点：中国八大菜系制作方法与成菜特点	4
			2）不同菜系典型菜肴的制作方法 ①鲁菜（山东）制作方法 ②川菜（四川）制作方法 ③粤菜（广东）制作方法 ④苏菜（江苏）制作方法 ⑤闽菜（福建）制作方法 ⑥浙菜（浙江）制作方法 ⑦湘菜（湖南）制作方法 ⑧徽菜（徽州）制作方法 ⑨其他地方特色菜制作方法		
		（2）制作西式餐点	1）西式餐点的特点	（1）方法：讲授法、演示法、实训（练习）法 （2）重点：西餐制作方法 （3）难点：西式点心的制作技法	8
			2）常用西餐的制作方法		
			3）西式餐点常用原料及制作用具		

续表

模块	课程	学习单元	课程内容	培训建议	课堂学时
1．料理家宴	1–2　家宴服务		4）常见西餐制作 例：①黑椒牛排 ②蛤蜊巧达汤 ③虾仁沙拉		
			5）常见西式点心制作 ①火腿培根披萨 ②奶酪饼干 ③牛油蛋糕		
		（3）调制宴会饮品	1）宴会饮品基本知识 ①酒精饮品 ②无酒精饮品	（1）方法：讲授法、演示法、实训（练习）法 （2）重点与难点：无酒精类饮品调制方法	6
			2）鸡尾酒的调制		
			3）茶的冲泡		
			4）果汁的调制		
			5）咖啡的制作		
		（4）进行宴席服务	1）中式宴席服务 ①入席服务 ②斟酒服务 ③上菜服务 ④撤换餐具 ⑤席间服务 ⑥清理餐桌	（1）方法：讲授法、演示法、实训（练习）法 （2）重点：宴席服务内容与注意事项 （3）难点：宴席服务内容和服务技能	2
			2）西式宴席服务 ①餐前鸡尾酒服务 ②入席服务 ③上菜服务 ④席间服务 ⑤清理餐桌		
2．家政管理	2–1　家庭事务管理	（1）应用信息化技术管理家庭事务	1）家庭事务信息化管理 ①家庭事务信息化管理的概念 ②家庭事务信息化管理的目的 ③家庭事务信息化管理的作用	（1）方法：讲授法、演示法 （2）重点与难点：家庭事务信息化管理内容与系统规划	4

续表

模块	课程	学习单元	课程内容	培训建议	课堂学时
2．家政管理	2-1 家庭事务管理		2）家庭事务信息化管理系统的建立 ①收集整理信息 ②设计信息渠道 ③构建管理系统 ④建立反馈机制		
			3）家庭事务信息化技术应用 ①制作电子相册 ②制作采买清单 ③管理安保系统		
		（2）分类整理家庭档案资料	1）家庭档案概述	（1）方法：讲授法、演示法 （2）重点与难点：家庭档案的分类及归档保管方法	2
			2）家庭档案的分类 ①证书类 ②医疗保健类 ③理财类 ④文稿书信类 ⑤家电使用维护类 ⑥声像类 ⑦实物类 ⑧综合类		
			3）家庭档案的整理 ①遵循自然形成规律 ②明确家庭档案收集范围		
			4）家庭档案的保管 ①整理档案资料 ②编写档案目录 ③分类保管档案 ④应用档案管理软件 ⑤制定档案使用原则		
		（3）管理家庭日常财务收支	1）家庭理财的含义 ①设定家庭理财目标 ②掌握现时收支及资产债务状况 ③合理应用投资渠道，增加家庭财富	（1）方法：讲授法、演示法、实训（练习）法 （2）重点：家庭日常财务管理的原则和方法 （3）难点：编制家庭财务报表的方法	4

续表

模块	课程	学习单元	课程内容	培训建议	课堂学时
2．家政管理	2-1　家庭事务管理		2）家庭日常财务管理的原则和方法 ①家庭日常财务管理原则 ②家庭日常财务管理方法		
			3）家庭财务收支分类 ①家庭常见财务收入 ②家庭常见财务支出		
			4）编制家庭财务报表 ①编制家庭资产负债表 ②编制家庭收支表 ③注意事项		
			5）编制家庭预算表 ①设定财务目标，分析收支出数据 ②依据客户需求编制每月、每季度、每年的预算表		
			6）掌握财务管理应用软件		
			7）家庭财务管理注意事项		
		（4）拟订家庭成员健康膳食管理计划	1）拟订健康膳食管理计划的原则与方法 ①遵循营养配餐原则 ②系统编制营养食谱 ③系统考虑特定人群膳食	（1）方法：讲授法、演示法 （2）重点与难点：家庭营养食谱的编制原则和方法	4
			2）拟订特定人群膳食计划 ①0 ～ 6 个月婴儿喂养要点 ②6 ～ 12 个月婴儿喂养要点 ③幼儿膳食要点 ④学龄前儿童膳食要点 ⑤学龄儿童及青少年膳食要点 ⑥孕期妇女膳食要点 ⑦哺乳期妇女膳食要点 ⑧老年人膳食要点		
			3）卫生指导和监督		

续表

模块	课程	学习单元	课程内容	培训建议	课堂学时
2．家政管理	2-1　家庭事务管理	（5）制定家政服务岗位规范并实施岗位分类管理	1）家政服务岗位的分类 ①家务料理（洗烫衣物、烹饪、卫生清洁） ②养老陪护 ③病患康复护理 ④母婴照护 ⑤家庭教育 ⑥育婴早教 ⑦庭院美化 ⑧养生保健	（1）方法：讲授法、演示法、实训（练习）法 （2）重点与难点：家政服务岗位分类与工作职责制定原则	2
			2）制定家政服务岗位规范的作用		
			3）制定家政服务的岗位规范的原则 ①关注岗位职责 ②以当前工作为依据 ③以工作结果为判断依据		
			4）制定家政服务岗位规范的方法 ①观察法 ②工作日志记录法		
			5）家政服务岗位的职责		
			6）制定家政服务工作流程的方法		
			7）制定家政服务工作流程的注意事项		
	2-2　休闲娱乐管理	（1）编制家庭出行计划	1）家庭出行常识 ①相关概念 ②家庭出行分类 ③家庭出行安全	（1）方法：讲授法、演示法、实训（练习）法 （2）重点与难点：编制家庭出行计划的方法	1
			2）编制家庭出行计划的原则 ①只选近的，不选远的 ②只选熟的，不选生的 ③只选有人的地方，不选没人去的地方 ④只选节奏慢的，不选野营拉练的		

续表

模块	课程	学习单元	课程内容	培训建议	课堂学时
2．家政管理	2–2　休闲娱乐管理		3）家庭出行计划的内容 ①出行目的 ②出行时间 ③出行地点 ④参与成员 ⑤出行方式 ⑥景点基本情况 ⑦出行流程 ⑧经费预算		
			4）编制家庭出行计划的方法 ①注重流程 ②依照成员需求 ③考虑特殊成员 ④事后总结完善		
		（2）根据出行计划进行出行准备	1）家庭出行基础准备 ①出行费用 ②旅行社办理手续 ③了解天气 ④熟悉路线 ⑤落实住宿 ⑥准备食物并了解出行地美食 ⑦掌握景点基本情况	（1）方法：讲授法、演示法、实训（练习）法 （2）重点与难点：确定家庭出行准备内容	2
			2）出行物资准备 ①证件准备 ②药品准备 ③必备衣物 ④生活用品 ⑤电子设备 ⑥必备小物品		
			3）家庭出行注意事项		
		（3）安排来访客人的行程	1）了解访客情况	（1）方法：讲授法、演示法、实训（练习）法 （2）重点与难点：访客接待方法和行程安排方法	2
			2）确定接待标准		
			3）提前预定衣食住行		
			4）安排接待陪同人员		
			5）依据访客情况安排行程		

续表

<table>
<tr><th>模块</th><th>课程</th><th>学习单元</th><th>课程内容</th><th>培训建议</th><th>课堂学时</th></tr>
<tr><td rowspan="7">2．家政管理</td><td rowspan="7">2-2　休闲娱乐管理</td><td rowspan="4">（4）陪同雇主或访客出行</td><td>1）陪同雇主出行
①做好出行准备
②做好出行服务</td><td rowspan="4">（1）方法：讲授法、演示法
（2）重点与难点：家政服务员陪同出行工作内容及注意事项</td><td rowspan="4">2</td></tr>
<tr><td>2）陪同访客出行
①自驾车辆出行常识
②沿途讲解行程常识
③风光景观常识讲解
④出行服务常识</td></tr>
<tr><td>3）陪同礼仪
①迎接礼仪
②陪伴同车礼仪
③陪同出行礼仪</td></tr>
<tr><td>4）陪同出行的注意事项</td></tr>
<tr><td rowspan="3">（5）制定家庭休闲娱乐方案</td><td>1）家庭休闲娱乐的分类
①影音类休闲娱乐
②棋牌类休闲娱乐
③保健运动类休闲娱乐
④饮食类休闲娱乐
⑤艺术文化类休闲娱乐
⑥游戏类休闲娱乐</td><td rowspan="3">（1）方法：讲授法、演示法
（2）重点与难点：家庭健康休闲娱乐内容及实施方法</td><td rowspan="3">1</td></tr>
<tr><td>2）家庭休闲娱乐原则
①讲究文明、遵纪守法
②符合科学规律
③安排好时间
④注意安全
⑤量力而行，不要盲目跟风</td></tr>
<tr><td>3）制定家庭休闲娱乐方案
①确定时间与地点
②明确参与人员
③明确娱乐主题
④确定娱乐项目
⑤制定娱乐流程</td></tr>
</table>

续表

模块	课程	学习单元	课程内容	培训建议	课堂学时
2．家政管理	2–2　休闲娱乐管理	（6）家庭休闲娱乐	1）家庭常见娱乐设施设备的使用 ①家庭影音系统 ②棋牌设备 ③保健运动设施 ④饮食类设施 ⑤艺术文化类设施 ⑥家庭游戏类设施	（1）方法：讲授法、演示法、实训（练习）法 （2）重点与难点：遵循家庭休闲娱乐服务的原则提供服务	4
			2）家庭休闲娱乐服务原则 ①有效沟通原则 ②不间断服务原则 ③个性化原则 ④客户至上原则		
3．美化家居	3–1　美化居室	（1）居室美化基础知识	1）居室美化风格 ①中式风格 ②欧式风格 ③田园风格 ④现代风格	（1）方法：讲授法、案例教学法、演示法 （2）重点：居室美化风格 （3）难点：对不同风格特征的理解与掌握	4
			2）居室美化的注意事项		
		（2）居室功能性美化	1）卧室美化	（1）方法：讲授法、案例教学法、演示法 （2）重点：各个空间功能性布置 （3）难点：空间功能的多样化布置	4
			2）客厅美化		
			3）书房美化		
			4）厨房美化		
			5）卫生间美化		
			6）阳台美化		
			7）其他空间的美化		
		（3）根据家庭成员需求美化居室	1）老人房美化	（1）方法：讲授法、案例教学法、实训（练习）法、演示法 （2）重点：掌握不同年龄与性别人群对居室的需求 （3）难点：针对家庭成员的不同需求对居室空间进行规划	4
			2）儿童房美化		
			3）青少年房美化		
			4）中年男性房间美化		
			5）中年女性房间美化		

续表

模块	课程	学习单元	课程内容	培训建议	课堂学时
3．美化家居	3-1 美化居室	(4) 根据风格结合居住者喜好美化居室	1）根据风格结合使用者喜好布置居室	(1) 方法：讲授法、案例教学法、实训（练习）法、演示法 (2) 重点：掌握不同个性对居室布置产生的影响 (3) 难点：将不同风格与个性特征相结合进行布置	2
			2）居室个性美化的注意事项		
		(5) 居室清洁质量评估	1）居室清洁质量评估内容	(1) 方法：讲授法、实训（练习）法、演示法 (2) 重点：掌握居室清洁质量评估的标准 (3) 难点：掌握居室清洁质量评估的方法	3
			2）居室清洁质量评估标准		
			3）居室清洁质量评估方法		
		(6) 居室美化质量评估	1）居室美化质量评估内容	(1) 方法：讲授法、实训（练习）法、演示法 (2) 重点：掌握居室美化质量评估的标准 (3) 难点：掌握居室美化质量评估的方法	3
			2）居室美化质量评估标准		
			3）居室美化质量评估方法		
	3-2 美化庭院	(1) 制定庭院美化方案	1）庭院美化流程 ①前期准备 ②方案设计 ③方案实施 ④后期优化	(1) 方法：讲授法、案例教学法、实训（练习）法、演示法 (2) 重点：根据庭院地理位置和环境条件进行设计	8

续表

模块	课程	学习单元	课程内容	培训建议	课堂学时
3．美化家居	3-2 美化庭院		2）庭院美化方案制定方法 ①根据庭院大小制定美化方案 ②根据庭院形状制定美化方案 ③根据庭院地理位置和环境条件制定美化方案 ④根据庭院的风格制定美化方案 ⑤根据居住者的情况制定美化方案	（3）难点：根据居住者的情况制定美化方案	
			3）庭院美化的注意事项		
		（2）种植与养护景观草坪	1）种植草坪的方法 ①种子播种法 ②铺草皮法	（1）方法：讲授法、案例教学法、实训（练习）法、演示法 （2）重点：养护草坪的方法 （3）难点：草坪养护中防虫害、病害的方法	8
			2）养护景观草坪的方法 ①浇水 ②追肥 ③松土 ④修剪 ⑤除杂 ⑥排水 ⑦防虫害 ⑧防病害		
		（3）栽培、移植、养护庭院花木	1）庭院花木栽培技术	（1）方法：讲授法 （2）重点：庭院花木养护技术 （3）难点：花木养护中供土、修剪、防治病虫害的技术	8
			2）庭院花木移植技术		
			3）庭院花木养护技术 ①浇水 ②供土 ③施肥 ④修剪 ⑤防治病虫害		
		（4）庭院盆景养护技术	1）浇水	（1）方法：讲授法、实训（练习）法 （2）重点：掌握对盆景进行浇水、施肥、防治病虫害、换盆、修剪等操作的方法 （3）难点：熟悉盆景的修剪方法	4
			2）施肥		
			3）光照		
			4）通风		
			5）防治病虫害		
			6）换盆		
			7）修剪		

续表

模块	课程	学习单元	课程内容	培训建议	课堂学时
4．家教辅助	4-1　婴幼儿教育辅助	（1）开发婴幼儿智力	1）婴幼儿智力发展特点 ①0 ~ 6 个月婴幼儿智力发展特点 ②6 ~ 12 个月婴幼儿智力发展特点 ③12 ~ 18 个月婴幼儿智力发展特点 ④18 ~ 24 个月婴幼儿智力发展特点 ⑤24 ~ 36 个月婴幼儿智力发展特点	（1）方法：讲授法 （2）重点与难点：婴幼儿各月龄智力发展特点及开发婴幼儿智力训练的科学方法，能够将智力开发融入婴幼儿的日常游戏和语言训练中	4
			2）婴幼儿智力开发内容甄选的原则 ①根据婴幼儿个体差异 ②根据不同月龄婴幼儿智力发展特点 ③根据家庭教养环境的差异性		
			3）0 ~ 3 岁婴幼儿智力训练方法 ①游戏训练法 ②儿歌训练法		
		（2）培养婴幼儿品格	1）婴幼儿品格发展特点 ①0 ~ 18 个月婴幼儿的品格发展特点 ②18 ~ 36 个月婴幼儿的品格发展特点	（1）方法：讲授法 （2）重点与难点：婴幼儿在不同时期品格发展的特点及品格训练的科学方法	4
			2）婴幼儿品格培养内容的甄选原则 ①根据兴趣与动机甄选 ②根据情绪与情感甄选 ③根据性格与意志甄选		
			3）婴幼儿品格培养的基本方法 ①游戏培养法 ②音乐培养法		

续表

模块	课程	学习单元	课程内容	培训建议	课堂学时
4．家教辅助	4-1　婴幼儿教育辅助	（3）培养婴幼儿的社会交往能力	1）婴幼儿社交特点 ①0 ～ 6 个月婴幼儿社会交往特点 ②6 ～ 12 个月婴幼儿社会交往特点 ③12 ～ 18 个月婴幼儿社会交往特点 ④18 ～ 24 个月婴幼儿社会交往特点 ⑤24 ～ 36 个月婴幼儿社会交往特点	（1）方法：讲授法 （2）重点与难点：婴幼儿不同时期的社会交往内容特点及社会交往能力培养训练方法	4
			2）婴幼儿社会交往能力培养方法 ①情景模拟法 ②角色扮演法		
	4-2　学龄前儿童教育辅助	（1）学龄前儿童言行特点及科学训练	1）学龄前儿童语言、行为能力发展特点 ①3 ～ 4 岁儿童言行发展特点 ②4 ～ 5 岁儿童言行发展特点 ③5 ～ 6 岁儿童言行发展特点	（1）方法：讲授法 （2）重点与难点：学龄前儿童语言、行为发展特点及科学训练方法	4
			2）儿童语言、行为发展的科学训练方法 ①3 ～ 4 岁儿童的训练方法 ②4 ～ 5 岁儿童的训练方法 ③5 ～ 6 岁儿童的训练方法		
		（2）学龄前儿童社会交往能力发展特点及科学训练	1）学龄前儿童社会交往能力发展特点 ①3 ～ 4 岁儿童社会交往能力发展特点 ②4 ～ 5 岁儿童社会交往能力发展特点 ③5 ～ 6 岁儿童社会交往能力发展特点	（1）方法：讲授法 （2）重点与难点：学龄前儿童社会交往能力发展的特点及科学训练的方法	4
			2）培养学龄前儿童社会交往能力的科学训练方法 ①情绪管理法 ②挫折应对法		

续表

模块	课程	学习单元	课程内容	培训建议	课堂学时
4．家教辅助	4-2　学龄前儿童教育辅助	（3）培养学龄前儿童学习习惯	1）学龄前儿童学习习惯培养内容 ①学会倾听 ②喜欢阅读 ③增强注意力 ④懂得遵守纪律	（1）方法：讲授法 （2）重点与难点：学龄前儿童学习习惯的培养内容及培养方法	4
			2）学龄前儿童良好学习习惯的培养方法 ①优化学习环境 ②培养学习兴趣 ③养成读书习惯 ④鼓励表扬为主，逐渐养成好的学习习惯		
5．培训指导与管理	5-1　培训评估	（1）编制家政服务员培训质量评估计划	1）培训质量评估的作用 ①鉴定与诊断作用 ②反馈与沟通作用 ③导向与激励作用 ④竞争与发展的作用	（1）方法：讲授法、演示法 （2）重点与难点：培训质量评估方法和培训质量评估计划的编制方法	4
			2）培训质量评估内容 ①培训前评估 ②培训中评估 ③培训后评估		
			3）培训质量评估的方法 ①笔试测验法 ②问卷调查法 ③实操测验法 ④绩效评价法 ⑤目标评价法 ⑥测试比较法		
			4）编制培训质量评估计划的原则 ①客观性原则 ②整体性原则 ③发展性原则 ④简易与可行性原则		
			5）编写培训质量评估计划 ①培训需求分析 ②确定评估内容（项目） ③明确评估要点 ④制定评估标准		

续表

模块	课程	学习单元	课程内容	培训建议	课堂学时
5．培训指导与管理	5–1　培训评估	（2）组织实施家政服务员培训质量评估	1）培训质量评估模式 ①反应层评估 ②学习层评估 ③行为层评估 ④结果层评估 2）实施培训质量评估注意事项 ①保证培训质量评估的全面性 ②不同的评估内容应采用不同的评估方法 ③要系统记录管理评估情况 ④跟踪受训者培训情况 3）实施培训质量评估关键环节 ①完善数据 ②确定评估内容 ③建立评估的反馈系统	（1）方法：讲授法、演示法 （2）重点与难点：培训质量评估的主要模式	4
	5–2　岗位管理	（1）编制家政服务员岗位管理规范	1）岗位管理规范概述 2）家政服务员岗位管理规范编制要点 ①坚持实事求是的原则 ②坚持系统、全面、统一的原则 ③坚持职务、责任、权限、利益相一致的原则 ④坚持繁简适度、通俗易懂的原则 ⑤管理规范需遵循渐进、适时修改和完善原则	（1）方法：讲授法、演示法 （2）重点与难点：家政服务员岗位管理规范编制要点	2
		（2）依据家政服务员岗位管理规范进行岗位督导	1）岗位督导概述 2）家政服务员岗位督导内容 ①岗位应具有的专业理论知识 ②岗位应具有的专业技能 ③岗位应具有的工作态度	（1）方法：讲授法、演示法 （2）重点与难点：家政服务员岗位督导方法	2

续表

模块	课程	学习单元	课程内容	培训建议	课堂学时
5．培训指导与管理	5-2 岗位管理		3）家政服务员岗位督导方法 ①确定接受督导的人员 ②确定督导内容 ③确定督导方案 ④依据岗位管理规范进行岗位督导 ⑤分析处理信息		
			4）家政服务员岗位督导注意事项 ①必须严格执行管理规范 ②必须重视岗位督导 ③坚持严格的检查和考核 ④加强专业知识培训		
课堂学时合计					148

2.2.6 培训建议中培训方法说明

1．讲授法

讲授法指教师主要运用语言讲述，系统地向学员传授知识，传播思想观念，发展学生的思维能力和智力。即教师通过叙述、描绘、解释、推论来传递信息、传授知识、阐明概念、论证定律和公式，引导学员获取知识，认识和分析问题。

2．讨论法

讨论法指在教师的指导下，学员以班级或小组为单位，围绕学习单元的内容，对某一专题进行深入探讨，通过讨论或辩论活动，获得知识或巩固知识的一种教学方法，要求培训教师在讨论结束时对讨论的主题做归纳性总结。

3．实训（练习）法

实训（练习）法指学员在教师的指导下巩固知识、运用知识、形成技能技巧的方法。通过实际操作的练习，形成操作技能。

4．参观法

参观法指组织或指导学员进行实地观察、调查、研究和学习，从而获得新知识或巩固已学知识的教学方法。参观教学法可分为“准备性参观、并行性参观、总结性参观”等。

5．演示法

演示法指在教学过程中，教师通过示范操作和讲解使学员获得知识、技能的教学方法。教学中，教师对操作内容进行现场演示，边操作，边讲解，强调操作的关键步骤和注意事项，使学员边学边做，理论与技能并重，师生互动，提高学生的学习兴趣和学习效率。

6．案例教学法

案例教学法指通过案例的分析，提出问题，分析问题，并找到解决问题的途径和手段，培养学员分析问题、处理问题的能力。

7．角色扮演法

角色扮演法指学员通过不同角色的扮演，体验自身角色的内涵活动和对方角色的心理，充分展现各种角色的“为”和“位”；在家政服务员角色扮演中的“角色”一般分为服务员和雇主家庭成员两大类角色，学员通过角色扮演，学习和运用服务技能，以达到服务标准。

8．情景表演法

情景表演法指培训教师在实施培训前事先准备和布置培训现场，并制定情景表演的情景、对话内容及评估标准，通过学员现场的情景表演活动以及培训教师对活动效果的及时评估，从而达到培训的预期效果。

9．实物示教法

实物示教法指培训教师通过实物的操作演示或对学员实物操作演示的评价，实现对学员技能操作步骤、要领掌握情况的检查、纠错、修正，并演示正确的操作方法的一种教学方法。

10．观摩法

观摩法指学员通过观看视频，学习、获取知识、技能的一种教学方法。

2.3 考核规范

2.3.1 职业基本素质培训考核标准

考核范围	考核比重（%）	考核内容	考核比重（%）	考核单元
1．职业道德和职业守则	10	1-1 职业道德规范和职业守则	3	（1）职业认知
			7	（2）职业道德规范和职业守则

续表

<table>
<tr><th>考核范围</th><th>考核比重（%）</th><th>考核内容</th><th>考核比重（%）</th><th>考核单元</th></tr>
<tr><td rowspan="2">2．择业与就业常识</td><td rowspan="2">10</td><td rowspan="2">2-1　择业与就业常识</td><td>5</td><td>（1）择业与就业常识</td></tr>
<tr><td>5</td><td>（2）择业与就业的注意事项</td></tr>
<tr><td rowspan="5">3．社交礼仪常识</td><td rowspan="5">30</td><td>3-1　基本礼仪</td><td>7</td><td>（1）日常交际礼仪</td></tr>
<tr><td>3-2　家庭人际关系的认知与处理</td><td>10</td><td>（1）家庭人际关系的认知与处理</td></tr>
<tr><td rowspan="3">3-3　家庭服务礼仪</td><td>5</td><td>（1）家庭日常服务礼仪</td></tr>
<tr><td>5</td><td>（2）尊重生活习俗</td></tr>
<tr><td>3</td><td>（3）尊重宗教信仰</td></tr>
<tr><td rowspan="4">4．安全常识</td><td rowspan="4">20</td><td>4-1　职业安全防护常识</td><td>5</td><td>（1）家政服务员的职业安全防护</td></tr>
<tr><td rowspan="3">4-2　家庭安全常识</td><td>5</td><td>（1）家庭防火、防盗抢常识</td></tr>
<tr><td>5</td><td>（2）家庭用水、用电及网络安全常识</td></tr>
<tr><td>5</td><td>（3）安全救护常识</td></tr>
<tr><td rowspan="3">5．卫生常识</td><td rowspan="3">20</td><td>5-1　个人卫生常识</td><td>5</td><td>（1）个人卫生常识</td></tr>
<tr><td>5-2　饮食卫生常识</td><td>8</td><td>（1）饮食卫生常识</td></tr>
<tr><td>5-3　居家环境卫生、安全常识</td><td>7</td><td>（1）居家环境卫生、安全常识</td></tr>
<tr><td>6．相关法律法规知识</td><td>10</td><td>6-1　相关法律法规知识</td><td>10</td><td>（1）相关法律法规知识</td></tr>
</table>

2.3.2　初级职业技能培训理论知识考核标准

<table>
<tr><th>考核范围</th><th>考核比重（%）</th><th>考核内容</th><th>考核比重（%）</th><th>考核单元</th></tr>
<tr><td rowspan="6">1．制作家庭餐</td><td rowspan="6">20</td><td rowspan="6">1-1　加工配菜</td><td>1</td><td>（1）原料采购</td></tr>
<tr><td>2</td><td>（2）原料加工成形</td></tr>
<tr><td>2</td><td>（3）初加工时令蔬菜</td></tr>
<tr><td>2</td><td>（4）初加工动物性原料</td></tr>
<tr><td>2</td><td>（5）初加工鱼、虾类食材</td></tr>
<tr><td>1</td><td>（6）保鲜、冷冻、解冻食物原料</td></tr>
</table>

续表

考核范围	考核比重（%）	考核内容	考核比重（%）	考核单元
1．制作家庭餐	20	1–2　烹制膳食	2	（1）调制单一味和复合味
			2	（2）制作凉菜
			2	（3）制作主食
			2	（4）制作菜肴
			2	（5）制作汤食
2．洗涤与收纳衣物	20	2–1　洗涤衣物	6	（1）衣物洗涤准备
			3	（2）手洗衣物
			6	（3）机洗衣物
		2–2　收纳衣物	2	（1）衣物的干燥
			3	（2）衣物的折叠、整理、收纳及防霉、防蛀
3．清洁家居	20	3–1　清洁居室	5	（1）清洁家居基础知识
			2	（2）清洁门窗与玻璃
			2	（3）清洁居室墙面
			3	（4）清洁居室地面
		3–2　清洁家居用品	2	（1）清洁厨具、灶具、餐饮用具
			2	（2）清洁家用电器
			2	（3）清洁家具
			2	（4）清洁、消毒卫生洁具
4．照护孕产妇与新生儿	25	4–1　照护孕妇	2	（1）制作孕妇膳食
			1	（2）照护孕妇盥洗、沐浴、更衣
			1	（3）陪同孕妇出行
			1	（4）为孕妇做产前准备
		4–2　照护产妇	2	（1）制作产妇膳食
			2	（2）照护产妇盥洗、沐浴、更衣
			2	（3）指导产妇喂哺新生儿
			1	（4）填写照护产妇工作日志
		4–3　照护新生儿	1	（1）抱、放新生儿
			2	（2）穿脱、洗涤衣物
			1	（3）冲调奶粉
			2	（4）给新生儿喂奶、喂水
			2	（5）处理新生儿呛奶、呛水
			1	（6）清洗、消毒奶具
			4	（7）照护新生儿盥洗、沐浴

续表

考核范围	考核比重（%）	考核内容	考核比重（%）	考核单元
5．照护婴幼儿	25	5-1　照护膳食	1	（1）清洁、消毒膳食器具
			1	（2）冲调奶粉
			1	（3）给婴幼儿喂奶、喂水、喂食
			3	（4）制作辅食
		5-2　照护起居	2	（1）抱、领婴幼儿
			1	（2）为婴幼儿穿脱并洗涤衣物
			1	（3）清洁、消毒婴幼儿玩具与用品
			3	（4）照护婴幼儿盥洗、沐浴
			3	（5）婴幼儿抚触
			1	（6）照护婴幼儿二便
			1	（7）训练婴幼儿“三浴”
			1	（8）照护婴幼儿睡眠
			3	（9）测量体温
			3	（10）预防婴幼儿意外伤害
6．照护老年人	25	6-1　照护膳食	3	（1）制作主食
			4	（2）制作菜肴
			3	（3）制作汤羹
			2	（4）照护老年人进食、进水
		6-2　照护起居	3	（1）照护老年人盥洗
			3	（2）照护老年人沐浴、更衣
			2	（3）测量体温
			4	（4）测量血压
			1	（5）陪伴老年人外出
7．照护病人	25	7-1　照护膳食	5	（1）制作膳食
			1	（2）病人进食、进水的护理
			1	（3）病人膳食用具的清洁、消毒、收纳
		7-2　照护起居	2	（1）照护病人盥洗
			3	（2）照护病人洗头、擦浴、翻身、更换衣物
			1	（3）照护病人二便
			4	（4）测量生命体征
			2	（5）照护病人服药
			2	（6）照护病人使用轮椅
			2	（7）照护病人使用拐杖
			2	（8）陪伴病人就诊

2.3.3 初级职业技能培训操作技能考核标准

考核范围	考核比重（%）	考核内容	考核比重（%）	考核形式	选考方式	考核时间（分钟）	重要程度
1．制作家庭餐	20	1-1 加工配菜	8	实操	必考	20	Z
		1-2 烹制膳食	12	实操	必考	20	X
2．洗涤与收纳衣物	20	2-1 洗涤衣物	15	实操或口试	必考	20	X
		2-2 收纳衣物	5	实操或口试	选考	15	Y
3．清洁家居	20	3-1 清洁居室	15	实操	必考	15	X
		3-2 清洁家居用品	5	口试	选考	15	Z
4．照护孕产妇与新生儿	25	4-1 照护孕妇	5	口试	选考	10	Z
		4-2 照护产妇	10	实操或笔试	必考	10	Y
		4-3 照护新生儿	10	实操	必考	15	X
5．照护婴幼儿	25	5-1 照护膳食	10	实操或口试	必考	10	Y
		5-2 照护起居	15	实操或笔试	必考	10	X
6．照护老年人	25	6-1 照护膳食	15	实操	选考	5	Y
		6-2 照护起居	10	实操	选考	5	Z
7．照护病人	25	7-1 照护膳食	10	实操	选考	5	Y
		7-2 照护起居	15	实操	必考	5	X

2.3.4 中级职业技能培训理论知识考核标准

考核范围	考核比重（%）	考核内容	考核比重（%）	考核单元
1．制作家庭餐	20	1-1 加工配菜	2	（1）制作馅料
			2	（2）水发干制植物性原料
			3	（3）码味、拍粉、上浆、挂糊
			4	（4）菜肴勾芡

续表

考核范围	考核比重（%）	考核内容	考核比重（%）	考核单元
1．制作家庭餐	20	1–2　烹制膳食	2	（1）冷菜拼盘
			2	（2）制作主食
			5	（3）烹制菜肴
2．洗烫衣物	20	2–1　洗涤衣物	2	（1）洗涤羽绒类衣物
			3	（2）洗涤丝绸类衣物
			3	（3）洗涤毛织品衣物
		2–2　熨烫衣物	12	（1）熨烫衣物
3．保洁家居	20	3–1　保洁家居设施	4	（1）保洁设备的使用与保养
			2	（2）保洁居室装饰墙面
			4	（3）保洁居室地板
		3–2　保洁家居用品	2	（1）清洁、养护皮革类家居用品
			2	（2）清洁、养护板式家具
			4	（3）清洁、养护厨房操作台面
			2	（4）清洁、养护挂毯和地毯
4．照护孕产妇与新生儿	25	4–1　照护孕妇	4	（1）制作孕妇营养膳食
			2	（2）乳房护理
			2	（3）指导孕妇进行安全自护
		4–2　照护产妇	4	（1）制作产妇膳食
			2	（2）乳房护理
			1	（3）吸奶器的使用
			2	（4）产妇形体恢复操
		4–3　照护新生儿	2	（1）给新生儿喂药
			2	（2）照护新生儿二便
			4	（3）给新生儿做抚触
5．照护婴幼儿	25	5–1　照护膳食	10	（1）制作膳食
		5–2　照护起居	5	（1）给婴幼儿说儿歌、讲故事
			5	（2）训练婴幼儿抬头、翻身
			5	（3）训练婴幼儿坐、爬、站立、行走

续表

考核范围	考核比重（%）	考核内容	考核比重（%）	考核单元
6．照护老年人	25	6-1　料理膳食	3	（1）制定日常食谱
			4	（2）制作主食
			4	（3）制作菜肴
			4	（4）制作汤羹
		6-2　照护起居	5	（1）与老年人交流并疏导不良情绪
			5	（2）指导老年人进行休闲、娱乐
7．照顾病人	25	7-1　料理膳食	3	（1）制作治疗膳食
			3	（2）制作管灌膳食
			2	（3）鼻导管喂食
		7-2　照护起居	3	（1）与病人进行情感交流
			3	（2）疏导不良情绪
			2	（3）口腔护理
			1	（4）更换床单、被褥
			3	（5）冷敷护理
			3	（6）热敷护理
			3	（7）煎服中草药

2.3.5　中级职业技能培训操作技能考核标准

考核范围	考核比重（%）	考核内容	考核比重（%）	考核形式	选考方式	考核时间（分钟）	重要程度
1．制作家庭餐	20	1-1　加工配菜	8	实操	必考	20	Z
		1-2　烹制膳食	12	实操	必考	20	X
2．洗烫衣物	20	2-1　洗涤衣物	5	口试	选考	20	Z
		2-2　熨烫衣物	15	实操	必考	15	X
3．保洁家居	20	3-1　保洁家居设施	12	实操	必考	15	X
		3-2　保洁家居用品	8	口试	选考	15	Y

续表

考核范围	考核比重（%）	考核内容	考核比重（%）	考核形式	选考方式	考核时间（分钟）	重要程度
4．照护孕产妇与新生儿	25	4-1 照护孕妇	8	口试	选考	10	Y
		4-2 照护产妇	9	实操	选考	10	X
		4-3 照护新生儿	8	实操	选考	15	X
5．照护婴幼儿	25	5-1 照护膳食	7	实操、口试或笔试	必考	10	Z
		5-2 照护起居	18	实操、口试或笔试	必考	10	X
6．照护老年人	25	6-1 料理膳食	15	实操	选考	10	Y
		6-2 照护起居	10	口试	必考	10	X
7．照顾病人	25	7-1 照护膳食	15	实操	选考	10	Y
		7-2 照护起居	10	口试或笔试	选考	10	X

2.3.6 高级职业技能培训理论知识考核标准

考核范围	考核比重（%）	考核内容	考核比重（%）	考核单元
1．制作家庭餐	25	1-1 加工配菜	2	（1）拼摆复合水果拼盘
			2	（2）加工海鲜类食物原料
			2	（3）油发干制食物原料
			3	（4）调制醋椒味、鱼香味
		1-2 烹制膳食	3	（1）制作汤羹
			3	（2）制作茸胶食品
			5	（3）烹制菜肴
			3	（4）制作糕点
			2	（5）研磨咖啡豆并冲煮咖啡
2．美化家居	25	2-1 美化居室	2	（1）花材的分类和选择
			5	（2）插摆花卉
			4	（3）摆放家具和饰品
		2-2 美化庭院	5	（1）花木养护
			5	（2）修剪庭院草坪与绿篱
			4	（3）摆放和养护庭院绿植

续表

考核范围	考核比重（%）	考核内容	考核比重（%）	考核单元
3．照护孕产妇与新生儿	25	3-1　照护孕妇	2	（1）制作营养膳食
			1	（2）指导孕妇胎教
			2	（3）疏导孕妇不良情绪
			2	（4）妊娠期常见疾病的表现与护理
		3-2　照护产妇	2	（1）制作催乳膳食
			2	（2）按摩乳房、疏通乳腺管
			2	（3）处置产妇乳头凹陷和皲裂
			2	（4）照护产妇恶露
			2	（5）照护产妇分娩伤口
			2	（6）疏导产妇不良情绪
		3-3　照护新生儿	2	（1）照护患黄疸的新生儿
			2	（2）照护体重异常的新生儿
			2	（3）发现并应对新生儿的异常情况
4．照护婴幼儿	25	4-1　功能训练	3	（1）婴幼儿大动作训练
			3	（2）婴幼儿语言训练
			3	（3）婴幼儿生活自理能力训练
			3	（4）婴幼儿认知能力训练
		4-2　照护起居	3	（1）制订婴幼儿日间照护计划
			2	（2）婴幼儿计划免疫
			2	（3）发现并应对婴幼儿异常情况
			3	（4）照护患常见病的婴幼儿
			3	（5）婴幼儿意外伤害的处理
5．照护病人	25	5-1　康复护理	8	（1）给瘫痪病人做康复训练
			7	（2）压疮的护理
		5-2　心肺复苏技术	10	（1）心肺复苏技术
6．职业指导与管理	10	6-1　职业培训	8	（1）培训初级、中级家政服务员
			2	（2）评估家政服务员工作绩效

2.3.7 高级职业技能培训操作技能考核标准

考核范围	考核比重（%）	考核内容	考核比重（%）	考核形式	选考方式	考核时间（分钟）	重要程度
1．制作家庭餐	30	1–1 加工配菜	10	实操	必考	20	Y
		1–2 烹制膳食	20	实操	必考	20	X
2．美化家居	30	2–1 美化居室	20	实操	必考	20	X
		2–2 美化庭院	10	口试	选考	20	Y
3．照护孕产妇与新生儿	30	3–1 照护孕妇	10	实操或笔试	选考	15	Y
		3–2 照护产妇	10	实操	必考	15	X
		3–3 照护新生儿	10	笔试	必考		X
4．照护婴幼儿	30	4–1 功能训练	15	实操	必考	15	X
		4–2 照护起居	15	笔试	选考		Y
5．照护病人	30	5–1 康复护理	18	实操	选考	10	Y
		5–2 心肺复苏技术	12	实操	必考	10	X
6．职业指导与管理	10	6–1 职业培训	10	笔试	必考	20	X

2.3.8 技师职业技能培训理论知识考核规范

考核范围	考核比重（%）	考核内容	考核比重（%）	考核单元
1．料理家宴	20	1–1 家宴准备	2	（1）家宴及家宴方案基本知识
			2	（2）编制中餐家宴方案
			2	（3）编制西餐家宴方案
			1	（4）依据家宴方案准备家宴用品
			1	（5）依据家宴主题进行环境布置
			1	（6）中餐宴席摆台
			1	（7）西餐宴席摆台
			1	（8）餐巾折花

续表

考核范围	考核比重（%）	考核内容	考核比重（%）	考核单元
1．料理家宴	20	1–2　家宴服务	2	（1）依据家宴方案制作中式菜肴
			2	（2）制作西式餐点
			2	（3）调制宴会饮品
			4	（4）进行宴席服务
2．家政管理	20	2–1　家庭事务管理	2	（1）应用信息化技术管理家庭事务
			2	（2）分类整理家庭档案资料
			2	（3）管理家庭日常财务收支
			2	（4）拟订家庭成员健康膳食管理计划
			2	（5）制定家政服务岗位规范并实施岗位分类管理
		2–2　休闲娱乐管理	2	（1）编制家庭出行计划
			1	（2）根据出行计划进行出行准备
			1	（3）安排来访客人的行程
			2	（4）陪同雇主或访客出行
			2	（5）制定家庭休闲娱乐方案
			2	（6）提供家庭休闲娱乐服务
3．美化家居	20	3–1　美化居室	2	（1）居室美化基础知识
			2	（2）居室功能性美化
			2	（3）根据家庭成员需求美化居室
			2	（4）根据风格结合居住者喜好美化居室
			1	（5）居室清洁质量评估
			1	（6）居室美化质量评估
		3–2　美化庭院	2	（1）制定庭院美化方案
			2	（2）种植与养护景观草坪
			3	（3）栽培、移植、养护庭院花木
			2	（4）庭院盆景养护技术

续表

考核范围	考核比重（%）	考核内容	考核比重（%）	考核单元
4．家教辅助	15	4-1 婴幼儿教育辅助	2	（1）开发婴幼儿智力
			2	（2）培养婴幼儿品格
			2	（3）培养婴幼儿的社会交往能力
		4-2 学龄前儿童教育辅助	3	（1）学龄前儿童言行特点及科学训练
			3	（2）学龄前儿童社会交往能力发展特点及科学训练
			3	（3）培养学龄前儿童学习习惯
5．培训指导与管理	10	5-1 培训评估	2	（1）编制家政服务员培训质量评估计划
			3	（2）组织实施家政服务员培训质量评估
		5-2 岗位管理	3	（1）编制家政服务员岗位管理规范
			2	（2）依据家政服务员岗位管理规范进行岗位督导

2.3.9 技师职业技能培训操作技能考核规范

考核范围	考核比重（%）	考核内容	考核比重（%）	考核形式	选考方式	考核时间（分钟）	重要程度
1．料理家宴	25	1-1 家宴准备	10	实操	选考	30	Y
		1-2 家宴服务	15	实操	必考	15	X
2．家政管理	20	2-1 家庭事务管理	10	实操或笔试	必考	20	X
		2-2 休闲娱乐管理	10	实操或笔试	选考	20	Y
3．美化家居	25	3-1 美化居室	15	实操	必考	15	X
		3-2 美化庭院	10	实操	必考	15	Y
4．家教辅助	20	4-1 婴幼儿教育辅助	10	实操	必考	20	Y
		4-2 学龄前儿童教育辅助	10	实操	必考	20	Y
5．培训指导与管理	10	5-1 培训评估	5	口试或笔试	选考	20	X
		5-2 岗位管理	5	口试或笔试	选考	20	X

附录

培训要求与课程规范对照表

附录 1　职业基本素质培训要求与课程规范对照表

<table>
<tr><th colspan="3">2.1.1　职业基本素质培训要求</th><th colspan="4">2.2.1　职业基本素质课程规范</th></tr>
<tr><th>职业基本素质模块</th><th>培训内容（课程）</th><th>培训细目</th><th>学习单元</th><th>课程内容</th><th>培训建议</th><th>课堂学时</th></tr>
<tr><td rowspan="4">1．职业道德和职业守则</td><td rowspan="4">1-1　职业道德和职业守则</td><td rowspan="4">（1）家政服务员的职业定义与职业定位
（2）家政服务员的职业道德规范
（3）家政服务员的职业守则</td><td>（1）职业认知</td><td>1）现代家政行业发展状况及职业需求
2）家政服务员的职业定位
3）家政服务员的职业内涵
4）家政服务员的工作内容</td><td>（1）方法：讲授法、讨论法
（2）重点与难点：家政服务员的职业发展前景与定位</td><td>1</td></tr>
<tr><td rowspan="3">（2）职业道德规范和职业守则</td><td>1）道德与职业道德
①道德与职业道德的含义
②道德与职业道德的特点
③道德与职业道德的作用</td><td rowspan="3">（1）方法：讲授法、案例教学法、讨论法
（2）重点：家政服务员的职业道德规范
（3）难点：家政服务员的职业道德规范和职业守则的学以致用</td><td rowspan="3">3</td></tr>
<tr><td>2）家政服务员的职业道德规范
①家政服务员的职业心态
②家政服务员的职业责任
③家政服务员的职业纪律
④家政服务员的职业能力</td></tr>
<tr><td>3）家政服务员的职业守则
①遵纪守法，诚实守信
②爱岗敬业，主动服务
③尊老爱幼，谦恭礼让
④崇尚公德，不涉家私</td></tr>
</table>

续表

2.1.1 职业基本素质培训要求			2.2.1 职业基本素质课程规范			
职业基本素质模块	培训内容（课程）	培训细目	学习单元	课程内容	培训建议	课堂学时
2．择业与就业常识	2-1 择业与就业常识	（1）家政服务员择业的基本方法 （2）家政服务员择业与就业的注意事项	（1）择业与就业常识	1）择业的途径	（1）方法：讲授法、角色扮演法 （2）重点：做好择业的准备 （3）难点：掌握面试的技巧并能学以致用	1
				2）做好择业准备 ①材料准备 ②形象准备 ③心理准备 ④素质准备		
				3）面试的技巧		
				4）甄选雇主 ①优秀雇主的基本要素 ②甄选雇主的注意事项		
			（2）择业与就业的注意事项	1）家政服务机构的运作模式 ①中介制管理模式 ②员工制管理模式	（1）方法：讲授法、案例教学法 （2）重点：签订规范的家政服务合同	1
				2）获取劳务信息的方法		
				3）签订规范的家政服务合同		
3．社交礼仪常识	3-1 基本礼仪	（1）礼仪的含义 （2）家政服务员的日常交际礼仪要求	（1）日常交际礼仪	1）礼仪的含义 ①礼仪的定义 ②礼仪与礼貌、礼节的关系 ③家政服务员学习礼仪常识的意义	（1）方法：讲授法、演示法 （2）重点：仪表、仪容要求 （3）难点：养成良好的仪态习惯	2
				2）仪态要求 ①坐姿 ②站姿 ③走姿 ④目光 ⑤手势 ⑥语言		
				3）仪容、仪表要求 ①服装服饰 ②卫生妆容 ③礼貌用语 ④表情神态		

续表

<table>
<tr><th colspan="3">2.1.1　职业基本素质培训要求</th><th colspan="4">2.2.1　职业基本素质课程规范</th></tr>
<tr><th>职业基本素质模块</th><th>培训内容（课程）</th><th>培训细目</th><th>学习单元</th><th>课程内容</th><th>培训建议</th><th>课堂学时</th></tr>
<tr><td rowspan="7">3．社交礼仪常识</td><td rowspan="3">3-2　家庭人际关系的认知与处理</td><td rowspan="3">（1）家庭人际关系的认知
（2）家政服务员与雇主相处的原则
（3）家庭人际关系的处理技巧</td><td rowspan="3">（1）家庭人际关系的认知与处理</td><td>1）家庭人际关系的认知
①家庭的定义
②家庭人际关系的对象
③建立良好人际关系的重要性</td><td rowspan="3">（1）方法：讲授法、角色扮演法、情景教学法、案例教学法
（2）重点：掌握家政服务员与雇主相处的原则
（3）难点：掌握家庭人际关系的处理技巧</td><td rowspan="3">2</td></tr>
<tr><td>2）家政服务员与雇主相处的原则
①知己知彼，和谐共处
②灵活应对，切忌介入
③坦诚相待，加强沟通
④换位思考，情绪控制</td></tr>
<tr><td>3）家庭人际关系的处理技巧
①与家庭成员相处的技巧
②与其他人员相处的技巧</td></tr>
<tr><td rowspan="4">3-3　家庭服务礼仪</td><td rowspan="4">（1）家庭日常服务礼仪
（2）尊重生活习俗和宗教信仰</td><td rowspan="4">（1）家庭日常服务礼仪</td><td>1）接待来访宾客的礼仪
①接待准备
②接待方法</td><td rowspan="4">（1）方法：讲授法、演示法、案例教学法
（2）重点：掌握人际交往的技巧</td><td rowspan="4">1</td></tr>
<tr><td>2）使用电话的礼仪
①接听电话的礼仪
②拨打电话的礼仪
③使用电话的注意事项</td></tr>
<tr><td>3）人际交往的技巧
①致意的礼节技巧
②握手的礼节技巧
③介绍的礼节技巧</td></tr>
<tr><td>4）其他日常服务礼仪
①递送物品
②整理物品
③出入关门
④上下电梯、楼梯
⑤服务“六忌”</td></tr>
</table>

续表

2.1.1 职业基本素质培训要求			2.2.1 职业基本素质课程规范			
职业基本素质模块	培训内容（课程）	培训细目	学习单元	课程内容	培训建议	课堂学时
3．社交礼仪常识	3-3 家庭服务礼仪		（2）尊重生活习俗	1）我国各少数民族的地域分布与生活习俗 ①藏族的地域分布与生活习俗 ②维吾尔族的地域分布与生活习俗 ③蒙古族的地域分布与生活习俗 ④回族的地域分布与生活习俗 ⑤壮族的地域分布与生活习俗 ⑥满族的地域分布与生活习俗 ⑦朝鲜族的地域分布与生活习俗	（1）方法：讲授法、讨论法 （2）重点：我国主要少数民族的习俗禁忌 （3）难点：春节、圣诞节的习俗区别	2
				2）我国主要传统节日习俗 ①春节的习俗 ②元宵节的习俗 ③端午节的习俗 ④清明节的习俗 ⑤中秋节的习俗 ⑥重阳节的习俗 ⑦冬至的习俗 ⑧腊八节的习俗		
				3）西方主要节日习俗 ①圣诞节的习俗 ②愚人节的习俗 ③复活节的习俗		
				4）中国人与西方人生活习俗、社交礼仪的区别		

续表

<table>
<tr><td colspan="3">2.1.1 职业基本素质培训要求</td><td colspan="4">2.2.1 职业基本素质课程规范</td></tr>
<tr><td>职业基本素质模块</td><td>培训内容（课程）</td><td>培训细目</td><td>学习单元</td><td>课程内容</td><td>培训建议</td><td>课堂学时</td></tr>
<tr><td rowspan="4">3．社交礼仪常识</td><td rowspan="4">3-3 家庭服务礼仪</td><td rowspan="4"></td><td rowspan="4">（3）尊重宗教信仰</td><td>1）佛教
①佛教的由来与教规
②佛教的节日
③佛教的礼节</td><td rowspan="4">（1）方法：讲授法、讨论法
（2）重点：坚决抵制邪教组织
（3）难点：了解佛教、道教、伊斯兰教的由来与教义</td><td rowspan="4">1</td></tr>
<tr><td>2）道教
①道教的教派与教规
②道教的节日</td></tr>
<tr><td>3）伊斯兰教
①伊斯兰教的由来与教义
②伊斯兰教的主要节日与宗教仪式</td></tr>
<tr><td>4）坚决抵制邪教组织</td></tr>
<tr><td rowspan="6">4．安全常识</td><td rowspan="3">4-1 职业安全防护常识</td><td rowspan="3">（1）职业安全的概念
（2）家政服务员的职业安全防护常识</td><td rowspan="3">（1）家政服务员的职业安全防护常识</td><td>1）职业安全的概念</td><td rowspan="3">（1）方法：讲授法、演示法
（2）重点与难点：家居工作安全防护措施</td><td rowspan="3">1</td></tr>
<tr><td>2）家政服务员正确的工作姿势</td></tr>
<tr><td>3）家居工作安全防护措施</td></tr>
<tr><td rowspan="3">4-2 家庭安全常识</td><td rowspan="3">（1）家庭防火、防盗抢常识
（2）家庭安全用水、用电常识
（3）网络安全常识
（4）安全救护常识</td><td rowspan="3">（1）家庭防火、防盗抢常识</td><td>1）家庭火灾常见的原因</td><td rowspan="3">（1）方法：讲授法、演示法、角色扮演法
（2）重点与难点：家庭防火、防盗抢的主要方法</td><td rowspan="3">1</td></tr>
<tr><td>2）家庭火灾的防范措施
①安全使用燃气设备的方法
②安全使用取暖设备的方法</td></tr>
<tr><td>3）家庭安全防盗方法——人力防范
①入室盗窃、抢劫活动的一般规律
②人力防范家庭盗抢的方法</td></tr>
</table>

续表

2.1.1 职业基本素质培训要求			2.2.1 职业基本素质课程规范			
职业基本素质模块	培训内容（课程）	培训细目	学习单元	课程内容	培训建议	课堂学时
4．安全常识	4–2 家庭安全常识			4）家庭安全防范方法——技术防范 ①技术防范家庭防盗的措施方法 ②对讲装置、监视器、报警器等设备介绍		
			（2）家庭用水、用电及网络安全常识	1）家庭安全用水、用电常识 ①家庭水源事故的预防和急救 ②家庭安全用电的基本常识	（1）方法：讲授法、演示法 （2）重点与难点：树立网络安全意识，掌握预防各种形式网络诈骗的方法	1
				2）网络安全常识 ①信息技术在家政服务中的应用 ②树立网络安全意识 ③预防各种形式的网络诈骗		
			（3）安全救护常识	1）安全救护的基本原则 ①培养良好的应急心态 ②稳定情绪，冷静应对 ③正确定位，协助为主	（1）方法：讲授法、演示法 （2）重点与难点：掌握家庭突发事件的应急处理措施	1
				2）报警常识 ①“110”报警 ②“119”报警 ③“120”报警		
				3）施放简易求救信号		
				4）自然灾害逃生自救常识 ①火灾逃生自救 ②地震逃生自救		
				5）家庭突发事件的应急处理常识 ①气体中毒的应急处理 ②食物中毒的应急处理 ③误服药物的应急处理		

续表

2.1.1 职业基本素质培训要求			2.2.1 职业基本素质课程规范			
职业基本素质模块	培训内容（课程）	培训细目	学习单元	课程内容	培训建议	课堂学时
5．卫生常识	5–1 个人卫生常识	（1）保持个人卫生的重要性 （2）个人卫生要求	（1）个人卫生常识	1）保持个人卫生的重要性	（1）方法：讲授法、演示法 （2）重点与难点：养成良好的个人卫生习惯	1
				2）个人卫生要求 ①保持口腔清洁和牙齿健康的要求 ②保持双手清洁卫生的要求 ③保持双脚清洁卫生的要求 ④保持头发清洁卫生的要求 ⑤保持女性会阴清洁卫生的要求 ⑥保持经期清洁卫生的要求		
	5–2 饮食卫生常识	（1）养成良好的饮食卫生习惯和行为 （2）采买环节的卫生要求 （3）加工环节的卫生要求 （4）烹调和食用环节的卫生要求 （5）食物储藏环节的卫生要求	（1）饮食卫生常识	1）养成良好的饮食卫生习惯和行为	（1）方法：讲授法、演示法 （2）重点与难点：养成良好的饮食卫生习惯和行为	2
				2）采买环节的卫生要求		
				3）粗加工环节的卫生要求 ①肉类粗加工环节的卫生要求 ②水产品粗加工环节的卫生要求 ③蔬菜粗加工环节的卫生要求		
				4）烹调和食用环节的卫生要求		
				5）食物储藏环节的卫生要求		

续表

2.1.1 职业基本素质培训要求			2.2.1 职业基本素质课程规范			
职业基本素质模块	培训内容（课程）	培训细目	学习单元	课程内容	培训建议	课堂学时
5．卫生常识	5–3 居家环境卫生、安全常识	（1）居家环境卫生要求 （2）居家环境安全要求 （3）家居保洁要求	（1）居家环境卫生、安全常识	1）居家环境卫生要求 ①居室通风、温度、采光、照明要求 ②居室噪声控制与绿化要求 ③鼠、蚊、苍蝇等虫害的危害与管控	（1）方法：讲授法、案例教学法、演示法 （2）重点与难点：家居环境布置的安全要求	1
				2）家居环境布置的安全要求 ①保障婴幼儿安全的要求 ②保障老年人安全的要求 ③宠物饲养对家居环境的影响及禁忌		
				3）家居保洁要求 ①家居保洁的原则和要求 ②不同性质污迹的处理方法		
6．相关法律法规知识	6–1 相关法律法规知识	（1）《中华人民共和国劳动法》相关知识 （2）《中华人民共和国劳动合同法》相关知识	（1）相关知识法律法规	1）《中华人民共和国劳动法》相关知识 ①工作时间和休息休假 ②工资 ③劳动安全卫生 ④女职工和未成年工的特殊保护 ⑤社会保险和福利 ⑥劳动争议	（1）方法：讲授法、案例教学法 （2）重点：对相关法律法规知识的理解与掌握 （3）难点：通过案例分析，剖析劳动争议的调解方式	2
				2）《中华人民共和国劳动合同法》相关知识 ①劳动合同的订立 ②无固定期限劳动合同 ③试用期 ④劳动合同的履行 ⑤劳动合同的解除		

续表

2.1.1 职业基本素质培训要求			2.2.1 职业基本素质课程规范			
职业基本素质模块	培训内容（课程）	培训细目	学习单元	课程内容	培训建议	课堂学时
6．相关法律法规知识	6-1 相关法律法规知识	(3)《中华人民共和国消费者权益保护法》相关知识 (4)《中华人民共和国妇女权益保障法》相关知识 (5)《中华人民共和国老年人权益保障法》相关知识 (6)《中华人民共和国未成年人保护法》相关知识		3)《中华人民共和国消费者权益保护法》相关知识 ①消费者的权益 ②经营者的权益 4)《中华人民共和国妇女权益保障法》相关知识 ①《中华人民共和国妇女权益保障法》的立法意义 ②妇女依法享有的政治权利 ③妇女依法享有的劳动和社会保障权益 ④妇女依法享有的人身权利 ⑤妇女依法享有的婚姻家庭权益 ⑥妇女合法权益受到侵害的救济方式 5)《中华人民共和国老年人权益保障法》相关知识 ①国家对老年人的保障措施 ②家庭赡养和抚养的相关规定 ③老年人宜居环境的建设 ④侵犯老年人权利应承担的法律责任 6)《中华人民共和国未成年人保护法》相关知识 ①未成年人享有的人身权利 ②未成年人享有的财产权益 ③未成年人享有的受教育权利 ④未成年人享有的劳动权利 ⑤未成年人享有的诉讼权利		
课堂学时合计						24

附录 2 初级职业技能培训要求与课程规范对照表

2.1.2 初级职业技能培训要求				2.2.2 初级职业技能培训课程规范			
职业功能（模块）	培训内容（课程）	技能目标	培训细目	学习单元	课程内容	培训建议	课堂学时
1. 制作家庭餐	1-1 加工配菜	1-1-1 能采购原料	（1）选购植物性烹饪原料 （2）选购动物性烹饪原料 （3）选购水产类烹饪原料	（1）原料采购	1）植物性烹饪原料的选购要点 2）动物性烹饪原料的选购要点 3）水产类烹饪原料的选购要点	（1）方法：讲授法、演示法、实训（练习）法 （2）重点与难点：食物原料采购要点	1
		1-1-2 能将食物原料加工成形	（1）将食物原料加工成丁 （2）将食物原料加工成片 （3）将食物原料加工成块 （4）将食物原料加工成段或条 （5）将食物原料加工成丝 （6）将食物原料加工成茸	（2）原料加工成形	1）刀具的使用 ①刀具的种类 ②刀工技法 ③刀具的使用和保养 2）大、中、小方丁的切法 3）月牙片、菱形片、柳叶片、夹刀片的切法 4）菱形块、方块、长方块、排骨块、滚刀块的切法 5）大段、小段的切法 6）丝的切法 7）茸的切法	（1）方法：讲授法、演示法、实训（练习）法 （2）重点与难点：将食物原料加工成形的方法	2
		1-1-3 能初加工时令蔬菜	（1）对不同种类的蔬菜进行初加工	（3）初加工时令蔬菜	1）蔬菜初加工的基本原则 2）蔬菜初加工的方法：叶类、茎类、根类、瓜类、茄果类、豆类等	（1）方法：讲授法、演示法、实训（练习）法 （2）重点与难点：时令蔬菜初加工的方法	1
		1-1-4 能初加工动物性原料	（1）对不同的肉类食材进行初加工	（4）初加工动物性原料	1）肉类食材的特点 2）肉类食材初加工的方法 ①宰杀、出肉 ②拆拣、洗涤	（1）方法：讲授法、演示法、实训（练习）法 （2）重点与难点：肉类食物初加工的方法	2

续表

2.1.2 初级职业技能培训要求				2.2.2 初级职业技能培训课程规范			
职业功能（模块）	培训内容（课程）	技能目标	培训细目	学习单元	课程内容	培训建议	课堂学时
1．制作家庭餐	1-1 加工配菜	1-1-5 能加工鱼、虾等食物原料	（1）对鱼、虾类食材进行初加工	（5）初加工鱼、虾类食材	1）水产分类知识 2）鱼、虾类食材初加工的方法	（1）方法：讲授法、演示法、实训（练习）法 （2）重点与难点：鱼、虾类食物初加工的方法	1
		1-1-6 能对食物原料进行保鲜、冷冻、解冻处理	（1）食物原料的保鲜 （2）食物原料的冷冻 （3）食物原料的解冻	（6）保鲜、冷冻、解冻食物原料	1）食物原料的保鲜方法 2）食物原料的冷冻方法 3）食物原料的解冻方法	（1）方法：讲授法 （2）重点与难点：食物保鲜、冷冻、解冻的方法	1
	1-2 烹制膳食	1-2-1 能调制单一味和复合味	（1）调制5种单一味 （2）调制4种复合味	（1）调制单一味和复合味	1）调味品的基本知识 2）调制单一味：酸、甜、苦、辣、咸 3）调制复合味：酸甜味、酸辣味、咸香味、咸甜味	（1）方法：讲授法、演示法、实训（练习）法 （2）重点与难点：调制单一味和复合味	2
		1-2-2 能制作单一主料凉菜	（1）制作3种以上凉菜	（2）制作凉菜	1）凉菜的制作 例：①凉拌黄瓜 ②凉拌皮蛋豆腐 ③凉拌海蜇	（1）方法：讲授法、演示法、实训（练习）法 （2）重点与难点：凉菜的制作方法	2
		1-2-3 能运用蒸、煮烹饪技法制作主食	（1）运用蒸、煮烹饪技法分别制作3种以上主食	（3）制作主食	1）蒸、煮米饭 2）制作面食 ①蒸馒头 ②阳春面	（1）方法：讲授法、演示法、实训（练习）法 （2）重点与难点：运用蒸、煮烹饪技法制作面食的方法	4
		1-2-4 能运用蒸、炒、煮、炸烹饪技法制作菜肴	（1）运用蒸、炒、煮、炸烹饪技法分别制作3种以上菜肴	（4）制作菜肴	1）蒸制菜肴 例：清蒸鲈鱼 2）炒制菜肴 例：青菜炒香菇 3）煮制菜肴 例：水煮肉片 4）炸制菜肴 例：炸春卷	（1）方法：讲授法、演示法、实训（练习）法 （2）重点与难点：运用蒸、炒、煮、炸烹饪技法制作菜肴的方法	8

续表

2.1.2 初级职业技能培训要求				2.2.2 初级职业技能培训课程规范			
职业功能（模块）	培训内容（课程）	技能目标	培训细目	学习单元	课程内容	培训建议	课堂学时
1. 制作家庭餐	1-2 烹制膳食	1-2-5 能制作汤食	（1）制作3种以上汤食	（5）制作汤食	1）汤食加工工具 ①砂锅、瓦煲 ②炖盅 ③不锈钢锅	（1）方法：讲授法、演示法、实训（练习）法 （2）重点与难点：汤食的制作方法	4
					2）制作汤食 例：①山药排骨汤 ②西红柿炖牛腩 ③枸杞冬瓜汤		
2. 洗涤与收纳衣物	2-1 洗涤衣物	2-1-1 能识别衣物洗涤标识	（1）识别衣物洗涤标识	（1）衣物洗涤准备	1）识别衣物洗涤标识	（1）方法：讲授法、实物示教法 （2）重点与难点：衣物质地鉴别与洗涤用品的选择	2
		2-1-2 能依据衣物质地选用洗涤用品	（1）纺织品衣物质地鉴别 （2）根据不同衣物选择洗涤用品		2）纺织品衣物的性能及鉴别方法 ①棉及棉混纺织物 ②麻及麻混纺织物 ③毛及毛混纺织物 ④丝织品 ⑤化学纤维织物		
					3）洗涤用品的种类、特性与用途		
		2-1-3 能手工洗涤棉麻、化纤类衣物	（1）处理常见污渍 （2）手工洗涤棉麻类衣物 （3）手工洗涤化纤类衣物	（2）手洗衣物	1）水洗要点	（1）方法：演示法、实物示教法、实训（练习）法 （2）重点与难点：手工洗涤棉麻、化纤类衣物的方法	2
					2）常见污渍的处理方法		
					3）手工洗涤棉麻类衣物		
					4）手工洗涤化纤类衣物		
		2-1-4 能使用洗衣机洗涤衣物	（1）使用洗衣机洗涤衣物	（3）机洗衣物	1）洗衣机的种类 ①滚筒式 ②波轮式	（1）方法：讲授法、实物示教法 （2）重点与难点：使用洗衣机洗涤衣物的操作方法	1
					2）使用洗衣机洗涤衣物的操作方法		

续表

2.1.2　初级职业技能培训要求				2.2.2　初级职业技能培训课程规范			
职业功能（模块）	培训内容（课程）	技能目标	培训细目	学习单元	课程内容	培训建议	课堂学时
2．洗涤与收纳衣物	2-2　收纳衣物	2-2-1　能依据质地特性晾晒衣物	（1）正确选择和使用晾晒工具 （2）正确晾晒不同质地的衣物	（1）衣物的干燥	1）衣物干燥方法	（1）方法：讲授法、演示法、实物示教法 （2）重点与难点：不同质地衣物的晾晒方法	1
					2）衣物晾晒的基本要求		
					3）正确使用晾晒工具		
					4）晾晒衣物的方法		
		2-2-2　能折叠、整理、收纳衣物	（1）折叠衣物 （2）整理衣物 （3）收纳衣物 （4）衣物的防霉、防蛀	（2）衣物的折叠、整理、收纳及防霉、防蛀	1）衣物折叠的方法	（1）方法：讲授法、演示法、实物示教法 （2）重点与难点：折叠和整理衣物的方法及要求	2
					2）衣物整理的要求		
					3）衣物收纳的方法及注意事项		
					4）衣物防霉、防蛀的方法及注意事项		
3．清洁家居	3-1　清洁居室	3-1-1　清洁家居基础知识	（1）认识和使用常用的清洁工具 （2）认识和使用常用的清洁、消毒用品	（1）清洁家居基础知识	1）常用清洁工具种类及使用方法	（1）方法：讲授法、演示法、实物示教法 （2）重点与难点：清洁工具的使用方法	1
					2）常用清洁、消毒用品的分类及使用方法		
					3）日常保洁与计划保洁		
					4）清洁家居的注意事项		
		3-1-2　能清洁门窗与玻璃	（1）清洁门窗 （2）清洁玻璃	（2）清洁门窗与玻璃	1）清洁门窗的方法及注意事项	（1）方法：讲授法、演示法、实物示教法 （2）重点与难点：清洁玻璃的方法及注意事项	3
					2）清洁玻璃的方法及注意事项		
		3-1-3　能清洁居室墙面	（1）清洁涂料类墙面 （2）清洁瓷砖类墙面 （3）清洁墙纸类墙面	（3）清洁居室墙面	1）居室墙面材质分类	（1）方法：讲授法、演示法、实训（练习）法 （2）重点与难点：清洁居室墙面的方法及注意事项	2
					2）清洁涂料类墙面		
					3）清洁瓷砖类墙面		
					4）清洁墙纸类墙面		

续表

<table>
<tr><th colspan="4">2.1.2　初级职业技能培训要求</th><th colspan="4">2.2.2　初级职业技能培训课程规范</th></tr>
<tr><th>职业功能（模块）</th><th>培训内容（课程）</th><th>技能目标</th><th>培训细目</th><th>学习单元</th><th>课程内容</th><th>培训建议</th><th>课堂学时</th></tr>
<tr><td rowspan="14">3．清洁家居</td><td rowspan="3"></td><td rowspan="3">3-1-4　能清洁居室地面</td><td rowspan="3">（1）清洁地板砖类地面
（2）清洁实木地板类地面</td><td rowspan="3">（4）清洁居室地面</td><td>1）居室地面材质分类</td><td rowspan="3">（1）方法：讲授法、演示法、实训（练习）法
（2）重点与难点：清洁居室地面的方法及注意事项</td><td rowspan="3">2</td></tr>
<tr><td>2）清洁地板砖类地面</td></tr>
<tr><td>3）清洁实木地板类地面</td></tr>
<tr><td rowspan="11">3-2　清洁家居用品</td><td rowspan="3">3-2-1　能清洁厨具、灶具、餐饮用具</td><td rowspan="3">（1）清洁厨具
（2）清洁灶具
（3）清洁餐饮用具</td><td rowspan="3">（1）清洁厨具、灶具、餐饮用具</td><td>1）厨具的清洁
①储藏用具的清洁
②洗涤用具的清洁
③调理用具的清洁
④烹调用具的清洁</td><td rowspan="3">（1）方法：演示法、实物示教法、实训（练习）法
（2）重点与难点：清洁厨具、灶具、餐饮用具的方法</td><td rowspan="3">3</td></tr>
<tr><td>2）灶具的清洁
①燃气灶
②油烟机</td></tr>
<tr><td>3）餐饮用具的清洁</td></tr>
<tr><td rowspan="5">3-2-2　能清洁家用电器</td><td rowspan="5">（1）清洁冰箱
（2）清洁微波炉
（3）清洁洗衣机
（4）清洁消毒柜
（5）清洁洗碗机</td><td rowspan="5">（2）清洁家用电器</td><td>1）清洁冰箱</td><td rowspan="5">（1）方法：演示法、实物示教法、实训（练习）法
（2）重点与难点：常见家用电器的清洁方法及注意事项</td><td rowspan="5">2</td></tr>
<tr><td>2）清洁微波炉</td></tr>
<tr><td>3）清洁洗衣机</td></tr>
<tr><td>4）清洁消毒柜</td></tr>
<tr><td>5）清洁洗碗机</td></tr>
<tr><td rowspan="4">3-2-3　能清洁、擦拭衣橱、桌椅、板凳类家具</td><td rowspan="4">（1）清洁原木家具
（2）清洁板式家具
（3）清洁皮革类家具
（4）清洁聚氨酯漆面家具</td><td rowspan="4">（3）清洁家具</td><td>1）清洁原木家具</td><td rowspan="4">（1）方法：演示法、实物示教法、实训（练习）法
（2）重点与难点：各类家具的清洁方法、技巧及注意事项</td><td rowspan="4">2</td></tr>
<tr><td>2）清洁板式家具</td></tr>
<tr><td>3）清洁皮革类家具</td></tr>
<tr><td>4）清洁聚氨酯漆面家具</td></tr>
</table>

续表

2.1.2 初级职业技能培训要求				2.2.2 初级职业技能培训课程规范			
职业功能（模块）	培训内容（课程）	技能目标	培训细目	学习单元	课程内容	培训建议	课堂学时
3．清洁家居	3-2 清洁家居用品		（5）清洁金属家具 （6）清洁布艺家具 （7）清洁藤艺家具		5）清洁金属家具 6）清洁布艺家具 7）清洁藤艺家具		
		3-2-4 能清洁、消毒卫生洁具	（1）清洁卫生洁具 （2）消毒卫生洁具	（4）清洁、消毒卫生洁具	1）清洁卫生洁具 2）消毒卫生洁具 3）注意事项	（1）方法：演示法、实物示教法、实训（练习）法 （2）重点与难点：清洁卫生洁具的方法	1
4．照护孕产妇与新生儿	4-1 照护孕妇	4-1-1 能为孕妇制作常规膳食	（1）为孕妇制作3种以上常规膳食	（1）制作孕妇膳食	1）孕妇的生理特点 2）孕妇膳食的基本特点及制作要求 3）制作孕妇常规膳食 例：①水煮河虾 ②番茄炒鸡蛋 ③猪肝菠菜汤	（1）方法：讲授法、演示法、实训（练习）法 （2）重点：孕妇常规膳食的制作方法 （3）难点：孕妇膳食的基本特点及制作要求	3
		4-1-2 能照护孕妇盥洗、沐浴、更衣	（1）照护孕妇盥洗 （2）照护孕妇沐浴 （3）照护孕妇更衣	（2）照护孕妇盥洗、沐浴、更衣	1）照护孕妇盥洗 2）照护孕妇沐浴 3）照护孕妇更衣	（1）方法：演示法、角色扮演法 （2）重点与难点：照护孕妇盥洗、沐浴、更衣的方法及注意事项	2
		4-1-3 能陪同孕妇出行	（1）孕妇出行的准备 （2）陪同孕妇安全出行	（3）陪同孕妇出行	1）孕妇出行的准备 2）孕妇出行的流程 3）陪同孕妇出行的注意事项	（1）方法：讲授法、情景表演法 （2）重点与难点：灵活掌握不同出行条件下孕妇出行的照护方法	1

续表

2.1.2　初级职业技能培训要求				2.2.2　初级职业技能培训课程规范			
职业功能（模块）	培训内容（课程）	技能目标	培训细目	学习单元	课程内容	培训建议	课堂学时
4．照护孕产妇与新生儿	4-1　照护孕妇	4-1-4　能为孕妇做产前准备	（1）为孕妇做产前心理准备 （2）为孕妇做产前物品准备	（4）为孕妇做产前准备	1）为孕妇做产前准备的重要性 2）为孕妇做产前的心理准备 3）为孕妇做产前的物品准备	（1）方法：讲授法、案例教学法、实物示教法 （2）重点与难点：为孕妇做产前心理准备的内容和方法	2
	4-2　照护产妇	4-2-1　能为产妇制作常规膳食	（1）为产妇制作3种以上常规膳食 （2）为产妇制作3种以上催乳膳食	（1）制作产妇膳食	1）产妇膳食的基本特点及制作要求 ①自然分娩产妇 ②剖宫产产妇 2）制作常规膳食例：①清炒虾仁 ②素炒三鲜 ③鲫鱼豆腐汤 3）制作催乳膳食例：①黑鱼（花生米）汤 ②丝瓜蛋汤 ③通草鲶鱼汤	（1）方法：讲授法、演示法、实训（练习）法 （2）重点与难点：催乳膳食的制作方法	3
		4-2-2　能照护产妇盥洗、沐浴、更衣	（1）照护产妇盥洗 （2）照护产妇沐浴 （3）照护产妇更衣	（2）照护产妇盥洗、沐浴、更衣	1）产妇盥洗、沐浴、更衣的目的及要点 2）照护产妇盥洗 3）照护产妇沐浴 ①淋浴 ②床上擦浴 4）照护卧床产妇更换衣物	（1）方法：演示法、角色扮演法、情景表演法 （2）重点：照护产妇沐浴 （3）难点：照护卧床产妇更衣的方法和技巧	2
		4-2-3　能指导产妇喂哺新生儿	（1）指导产妇母乳喂哺新生儿	（3）指导产妇喂哺新生儿	1）母乳喂养的好处及相关知识 2）指导产妇母乳喂哺新生儿	（1）方法：讲授法、演示法、角色扮演法 （2）重点与难点：母乳喂养的方法及注意事项	2

续表

<table>
<tr><th colspan="4">2.1.2　初级职业技能培训要求</th><th colspan="4">2.2.2　初级职业技能培训课程规范</th></tr>
<tr><th>职业功能（模块）</th><th>培训内容（课程）</th><th>技能目标</th><th>培训细目</th><th>学习单元</th><th>课程内容</th><th>培训建议</th><th>课堂学时</th></tr>
<tr><td rowspan="12">4. 照护孕产妇与新生儿</td><td rowspan="2">4-2　照护产妇</td><td rowspan="2">4-2-4　能填写照护产妇工作日志</td><td rowspan="2">（1）填写照护产妇工作日志</td><td rowspan="2">（4）填写照护产妇工作日志</td><td>1）填写照护产妇工作日志的意义</td><td rowspan="2">（1）方法：讲授法、案例教学法
（2）重点与难点：正确填写照护产妇工作日志</td><td rowspan="2">1</td></tr>
<tr><td>2）填写照护产妇工作日志</td></tr>
<tr><td rowspan="10">4-3　照护新生儿</td><td rowspan="3">4-3-1　能正确抱、放新生儿</td><td rowspan="3">（1）正确抱、放新生儿</td><td rowspan="3">（1）抱、放新生儿</td><td>1）正确抱、放新生儿的要点</td><td rowspan="3">（1）方法：演示法、实训（练习）法
（2）重点与难点：掌握正确抱、放新生儿的方法</td><td rowspan="3">1</td></tr>
<tr><td>2）正确抱、放新生儿的方法</td></tr>
<tr><td>3）正确抱、放新生儿的注意事项</td></tr>
<tr><td rowspan="3">4-3-2　能为新生儿穿脱并洗涤衣物</td><td rowspan="3">（1）穿脱新生儿衣物
（2）洗涤新生儿衣物
（3）更换新生儿尿布</td><td rowspan="3">（2）穿脱、洗涤衣物</td><td>（1）穿脱新生儿衣物</td><td rowspan="3">（1）方法：演示法、实训（练习）法
（2）重点：穿脱新生儿衣物的方法及注意事项
（3）难点：更换新生儿尿布的方法及注意事项</td><td rowspan="3">1</td></tr>
<tr><td>（2）洗涤新生儿衣物</td></tr>
<tr><td>（3）更换新生儿尿布</td></tr>
<tr><td rowspan="2">4-3-3　能为新生儿冲调奶粉</td><td rowspan="2">（1）为新生儿冲调奶粉</td><td rowspan="2">（3）冲调奶粉</td><td>1）新生儿配方奶粉的种类</td><td rowspan="2">（1）方法：讲授法、演示法、实训（练习）法
（2）重点与难点：冲调奶粉的方法</td><td rowspan="2">1</td></tr>
<tr><td>2）冲调奶粉的原则及方法</td></tr>
<tr><td rowspan="2">4-3-4　能给新生儿喂奶、喂水</td><td rowspan="2">（1）给新生儿喂奶
（2）给新生儿喂水</td><td rowspan="2">（4）给新生儿喂奶、喂水</td><td>1）给新生儿喂奶的方法及注意事项</td><td rowspan="2">（1）方法：讲授法、演示法、实训（练习）法
（2）重点与难点：给新生儿喂奶、喂水的方法及注意事项</td><td rowspan="2">1</td></tr>
<tr><td>2）给新生儿喂水的方法及注意事项</td></tr>
</table>

续表

2.1.2 初级职业技能培训要求				2.2.2 初级职业技能培训课程规范			
职业功能（模块）	培训内容（课程）	技能目标	培训细目	学习单元	课程内容	培训建议	课堂学时
4. 照护孕产妇与新生儿	4-3 照护新生儿	4-3-5 能预防和处理新生儿呛奶、呛水	（1）预防新生儿呛奶、呛水 （2）处理新生儿呛奶、呛水	（5）预防和处理新生儿呛奶、呛水	1）新生儿呼吸、消化系统的特点 2）发生新生儿呛奶、呛水的原因 3）预防新生儿呛奶、呛水 4）处理新生儿呛奶、呛水	（1）方法：讲授法、演示法、情景表演法 （2）重点与难点：预防和处理新生儿呛奶、呛水的方法	2
		4-3-6 能清洗、消毒新生儿奶具	（1）清洗奶具 （2）消毒奶具	（6）清洗、消毒奶具	1）新生儿奶具的种类 2）清洗奶具的方法及注意事项 3）消毒奶具的方法及注意事项 ①蒸汽消毒 ②煮沸消毒	（1）方法：演示法、观摩法 （2）重点与难点：消毒奶具的方法及注意事项	2
		4-3-7 能照护新生儿盥洗、沐浴	（1）照护新生儿盥洗 （2）照护新生儿沐浴 （3）新生儿脐部护理 （4）新生儿臀部护理	（7）照护新生儿盥洗、沐浴	1）照护新生儿盥洗 2）照护新生儿沐浴 3）新生儿脐部护理 4）新生儿臀部护理	（1）方法：演示法、观摩法、实训（练习）法 （2）重点与难点：照护新生儿沐浴和脐部护理的方法及注意事项	4

续表

2.1.2　初级职业技能培训要求				2.2.2　初级职业技能培训课程规范			
职业功能（模块）	培训内容（课程）	技能目标	培训细目	学习单元	课程内容	培训建议	课堂学时
5．照护婴幼儿	5-1　照护膳食	5-1-1　能清洁、消毒婴幼儿膳食器具	（1）清洁婴幼儿膳食器具 （2）消毒婴幼儿膳食器具	（1）清洁、消毒膳食器具	1）清洁、消毒的基础知识	（1）方法：讲授法、演示法 （2）重点与难点：婴幼儿膳食器具的清洁及消毒方法	1
					2）常用膳食器具的清洁、消毒方法		
					3）注意事项		
		5-1-2　能给婴幼儿冲调奶粉	（1）给婴幼儿冲调奶粉	（2）冲调奶粉	1）冲调奶粉的方法	（1）方法：讲授法、演示法、实训（练习）法 （2）重点与难点：冲调奶粉的方法	1
					2）冲调奶粉的注意事项		
		5-1-3　能给婴幼儿制作辅食	（1）为各月龄段婴幼儿添加辅食 （2）制作3种以上婴幼儿辅食	（3）制作辅食	1）添加辅食的重要性	（1）方法：讲授法、演示法、实训（练习）法 （2）重点与难点：为各月龄段婴幼儿制作辅食的方法	4
					2）添加辅食的原则		
					3）各月龄段婴幼儿添加辅食方法及注意事项		
					4）制作辅食 例：①胡萝卜汁 ②番茄鸡蛋面 ③大米绿豆粥		
		5-1-4　能给婴幼儿喂奶、喂水、喂食	（1）给婴幼儿喂奶、喂水、喂食 （2）预防及处理婴幼儿呛奶、呛水	（4）给婴幼儿喂奶、喂水、喂食	1）人工喂养的定义及优缺点	（1）方法：讲授法、演示法、实训（练习）法 （2）重点与难点：给婴幼儿喂奶的方法及注意事项	2
					2）常用乳品的种类		
		5-1-5　能处理婴幼儿呛奶、呛水			3）喂奶、喂水、喂食的方法及注意事项		
					4）预防及处理婴幼儿呛奶、呛水		

续表

2.1.2 初级职业技能培训要求				2.2.2 初级职业技能培训课程规范			
职业功能（模块）	培训内容（课程）	技能目标	培训细目	学习单元	课程内容	培训建议	课堂学时
5. 照护婴幼儿	5-2 照护起居	5-2-1 能抱、领婴幼儿	（1）正确抱、领婴幼儿	（1）抱、领婴幼儿	1）婴幼儿安全照护的注意事项 2）抱、领婴幼儿的方法及注意事项	（1）方法：演示法、实训（练习）法 （2）重点与难点：抱、放婴幼儿的方法及注意事项	1
		5-2-2 能为婴幼儿穿脱并洗涤衣物	（1）穿脱婴幼儿衣服 （2）洗涤婴幼儿衣物	（2）为婴幼儿穿脱并洗涤衣物	1）为婴幼儿穿、脱衣服 ①开襟 ②套头 ③连体衣 ④裤子 2）洗涤婴幼儿衣物	（1）方法：演示法、实训（练习）法 （2）重点与难点：穿脱婴幼儿衣服的方法	1
		5-2-3 能清洁、消毒婴幼儿玩具与用品	（1）清洁婴幼儿玩具及用品 （2）消毒婴幼儿玩具及用品	（3）清洁、消毒婴幼儿玩具与用品	1）清洁、消毒婴幼儿玩具 2）清洁、消毒婴幼儿用品	（1）方法：讲授法、演示法 （2）重点与难点：婴幼儿用品的清洁与消毒方法	1
		5-2-4 能照护婴幼儿盥洗、沐浴	（1）照护婴幼儿盥洗 （2）照护婴幼儿沐浴	（4）照护婴幼儿盥洗、沐浴	1）照护婴幼儿盥洗 2）照护婴幼儿沐浴	（1）方法：讲授法、演示法、实训（练习）法 （2）重点与难点：照护婴幼儿沐浴的注意事项	1
		5-2-5 能给婴幼儿做抚触	（1）给婴幼儿做抚触	（5）婴幼儿抚触	1）婴幼儿抚触的作用 2）婴幼儿抚触	（1）方法：演示法、实物示教法、实训（练习）法 （2）重点与难点：婴幼儿抚触的方法	4

续表

2.1.2 初级职业技能培训要求				2.2.2 初级职业技能培训课程规范			
职业功能（模块）	培训内容（课程）	技能目标	培训细目	学习单元	课程内容	培训建议	课堂学时
5. 照护婴幼儿	5-2 照护起居	5-2-6 能照护婴幼儿二便并换洗尿布	(1) 观察婴幼儿二便 (2) 为婴幼儿更换尿布 (3) 为婴幼儿洗尿布	(6) 照护婴幼儿二便	1) 婴幼儿二便的特点 2) 观察二便异常情况 3) 照护婴幼儿二便 4) 更换尿布的方法 5) 洗涤尿布的方法	(1) 方法：讲授法、演示法、实训（练习）法 (2) 重点与难点：观察二便的异常情况	2
		5-2-7 能给婴幼儿做"三浴"	(1) 训练婴幼儿"三浴"	(7) 训练婴幼儿"三浴"	1)"三浴"对婴幼儿生长发育的作用 2) 训练婴幼儿"三浴"	(1) 方法：讲授法、演示法 (2) 重点与难点：训练婴幼儿"三浴"的方法及注意事项	2
		5-2-8 能照护婴幼儿睡眠	(1) 照护婴幼儿睡眠	(8) 照护婴幼儿睡眠	1) 睡眠的重要性 2) 婴幼儿睡眠的特点及影响睡眠的因素 3) 照护婴幼儿睡眠	(1) 方法：讲授法、案例教学法 (2) 重点与难点：安抚婴幼儿入睡	1
		5-2-9 能为婴幼儿测量体温	(1) 为婴幼儿测量体温	(9) 为婴幼儿测量体温	1) 婴幼儿体温中枢的特点 2) 体温计的种类 3) 测量体温的方法	(1) 方法：讲授法、演示法、实训（练习）法 (2) 重点与难点：测量体温的方法	1

续表

2.1.2 初级职业技能培训要求				2.2.2 初级职业技能培训课程规范			
职业功能（模块）	培训内容（课程）	技能目标	培训细目	学习单元	课程内容	培训建议	课堂学时
5．照护婴幼儿	5-2 照护起居	5-2-10 了解并预防婴幼儿意外伤害	（1）预防婴幼儿意外伤害	(10) 预防婴幼儿意外伤害	1）意外伤害类型 ①外伤 ②烧烫伤 ③动物咬伤 ④溺水 ⑤中毒 ⑥气管异物 ⑦防拐、防走失	（1）方法：讲授法、演示法 （2）重点与难点：预防婴幼儿各种意外伤害的方法	2
					2）预防意外伤害 ①公共场所的安全 ②居家安全		
					3）电子产品对婴幼儿的伤害		
6．照护老年人	6-1 照护膳食	6-1-1 能为老年人制作主食	（1）为老年人制作3种以上主食	（1）制作主食	1）老年人生理特点	（1）方法：讲授法、演示法、实训（练习）法 （2）重点：老年人主食的制作方法 （3）难点：老年人的膳食特点	2
					2）老年人膳食特点		
					3）制作主食 例：①杂粮饭 ②鸡蛋面 ③蔬菜粥		
		6-1-2 能为老年人制作菜肴	（1）为老年人制作3种以上菜肴	（2）制作菜肴	1）菜肴制作要求 ①切肉的制作要求 ②炒菜的制作要求 ③肉食的制作要求 ④鱼类的制作要求	（1）方法：演示法、观摩法、实训（练习）法 （2）重点与难点：老年人菜肴的制作方法	3
					2）制作菜肴 例：①肉末豆腐 ②蘑菇什锦蒸 ③清蒸鲈鱼		
		6-1-3 能为老年人制作汤羹	（1）为老年人制作3种以上汤羹	（3）制作汤羹	1）汤羹制作要求	（1）方法：演示法、观摩法、实训（练习）法 （2）重点与难点：老年人汤羹的制作方法	2
					2）制作汤羹 例：①鱼头豆腐汤 ②山药排骨汤 ③银耳雪梨羹		

续表

2.1.2 初级职业技能培训要求				2.2.2 初级职业技能培训课程规范			
职业功能（模块）	培训内容（课程）	技能目标	培训细目	学习单元	课程内容	培训建议	课堂学时
6．照护老年人	6-1 照护膳食	6-1-4 能照护老年人进食、进水	（1）照护老年人进食、进水	（4）照护老年人进食、进水	1）老年人的饮食种类	（1）方法：演示法、实训（练习）法 （2）重点与难点：照护老年人进食、进水的注意事项	1
					2）照护老年人进食、进水		
	6-2 照护起居	6-2-1 能照护老年人盥洗	（1）照护老年人盥洗	（1）照护老年人盥洗	1）老年人盥洗的目的及要点	（1）方法：演示法、角色扮演法 （2）重点与难点：照护老年人盥洗的注意事项	2
					2）照护老年人盥洗		
		6-2-2 能照护老年人沐浴、更衣	（1）照护老年人沐浴 （2）照护老年人更衣	（2）照护老年人沐浴、更衣	1）照护老年人沐浴	（1）方法：演示法、情景模拟法 （2）重点与难点：照护老年人沐浴的注意事项	2
					2）照护老年人更衣		
		6-2-3 能为老年人修剪指（趾）甲	（1）为老年人修剪指（趾）甲		3）为老年人修剪指（趾）甲		
		6-2-4 能为老年人测量体温、血压	（1）为老年人测量体温 （2）为老年人测量血压	（3）测量体温	1）体温计的种类	（1）方法：演示法、实训（练习）法 （2）重点与难点：测量体温的方法	1
					2）测量体温		
				（4）测量血压	1）血压计的种类	（1）方法：演示法、实训（练习）法 （2）重点与难点：测量血压的方法	2
					2）测量血压 ①使用水银柱血压计 ②使用电子血压计		
		6-2-5 能陪伴老年人外出	（1）陪伴老年人外出 （2）预防老年人跌倒	（5）陪伴老年人外出	1）老年人外出基本常识及注意事项	（1）方法：讲授法、情景模拟法 （2）重点与难点：陪伴老年人外出的注意事项	1
					2）陪伴老年人散步、购物、就医		
					3）预防老年人跌倒		

续表

2.1.2　初级职业技能培训要求				2.2.2　初级职业技能培训课程规范			
职业功能（模块）	培训内容（课程）	技能目标	培训细目	学习单元	课程内容	培训建议	课堂学时
7．照护病人	7-1　照护膳食	7-1-1　能为病人制作膳食	（1）制作3种以上主食 （2）制作3种以上菜肴 （3）制作3种以上汤羹	（1）制作膳食	1）病人饮食分类 2）病人膳食特点 3）制作膳食 ①制作主食：如小米粥 ②制作菜肴：如芙蓉蛋 ③制作汤羹：如山药排骨汤	（1）方法：讲授法、讨论法 （2）重点与难点：病人膳食的制作方法	3
		7-1-2　能照护病人进食、进水	（1）餐前病人进食、进水的护理 （2）餐中病人进食、进水的护理 （3）餐后病人进食、进水的护理	（2）病人进食、进水的护理	1）协助活动病人进食、进水 2）协助卧床病人进食、进水 3）协助吞咽困难病人进食、进水	（1）方法：演示法、角色扮演法、情景模拟法 （2）重点与难点：协助吞咽困难病人进食、进水	1
		7-1-3　能清洁、消毒病人膳食器具	（1）病人膳食器具的清洗、消毒 （2）病人膳食器具的收纳	（3）病人膳食用具的清洁、消毒、收纳	1）清洁病人膳食用具 2）消毒病人膳食用具 ①煮沸消毒 ②蒸汽消毒 ③消毒柜消毒 ④化学药物消毒 3）收纳病人膳食器具	（1）方法：讲授法、演示法 （2）重点与难点：消毒病人膳食器具的方法	2
	7-2　照护起居	7-2-1　能照护病人日常盥洗	（1）照护自理病人日常盥洗 （2）照护卧床病人日常盥洗	（1）照护病人盥洗	1）照护自理病人盥洗 2）照护卧床病人盥洗	（1）方法：演示法、情景表演法 （2）重点与难点：照护卧床病人盥洗的方法及注意事项	2

续表

2.1.2　初级职业技能培训要求				2.2.2　初级职业技能培训课程规范			
职业功能（模块）	培训内容（课程）	技能目标	培训细目	学习单元	课程内容	培训建议	课堂学时
7．照护病人	7-2　照护起居	7-2-2　能给卧床病人洗头、擦浴、翻身、更换衣物	（1）照护卧床病人洗头 （2）照护卧床病人擦浴 （3）照护卧床病人翻身 （4）照护卧床病人更换衣物	（2）照护病人洗头、擦浴、翻身、更换衣物	1）照护卧床病人洗头 2）照护卧床病人擦浴 3）照护卧床病人翻身 4）照护卧床病人选择合适的衣物 5）照护卧床病人更换衣物	（1）方法：演示法、实训（练习）法 （2）重点与难点：照护卧床病人翻身的方法及注意事项	3
		7-2-3　能照护卧床病人的二便	（1）识别异常大小便 （2）留置导尿管病人的护理 （3）照护卧床病人大小便	（3）照护病人二便	1）大便的观察 2）尿液的观察 3）留置导尿管病人的护理 4）照护卧床病人大小便	（1）方法：讲授法、案例教学法 （2）重点与难点：识别异常大小便	2
		7-2-4　能给病人测量生命体征	（1）测量体温 （2）测量脉搏 （3）测量血压 （4）测量呼吸	（4）测量生命体征	1）测量体温 ①基本知识 ②体温计的种类 ③测量方法及注意事项 ④体温计的清洁、消毒方法 2）测量脉搏 ①基本知识 ②测量方法及注意事项 3）测量血压 ①基本知识 ②血压计的种类 ③测量方法及注意事项 4）测量呼吸 ①基本知识 ②测量方法及注意事项	（1）方法：讲授法、演示法、实训（练习）法 （2）重点与难点：测量体温、脉搏、血压、呼吸的方法及注意事项	2

续表

2.1.2 初级职业技能培训要求				2.2.2 初级职业技能培训课程规范			
职业功能（模块）	培训内容（课程）	技能目标	培训细目	学习单元	课程内容	培训建议	课堂学时
7. 照护病人	7–2 照护起居	7–2–5 能照护病人口服药物	（1）照护病人口服药物 （2）储存药物	（5）照护病人服药	1）用药基本知识 2）服药方法 ①服用固体药物的方法 ②服用液体药物的方法 ③服药后的注意事项	（1）方法：讲授法、演示法、案例教学法 （2）重点与难点：照护病人口服药物的注意事项	1
		7–2–6 能照护病人使用轮椅、拐杖等助行器	（1）照护病人使用轮椅 （2）照护病人使用拐杖 （3）预防病人跌倒	（6）照护病人使用轮椅	1）照护病人使用轮椅 ①照护病人坐轮椅 ②照护病人下轮椅 2）使用轮椅的注意事项	（1）方法：演示法、实训（练习）法、角色扮演法 （2）重点与难点：照护病人使用轮椅的方法	1
				（7）照护病人使用拐杖	1）照护病人使用拐杖 ①照护病人行走时使用拐杖 ②照护病人站立时使用拐杖 ③照护病人上下楼梯时使用拐杖 2）使用拐杖的注意事项 3）预防跌倒	（1）方法：演示法、实训（练习）法、角色扮演法 （2）重点与难点：照护病人使用拐杖的方法	2
		7–2–7 能陪伴病人就诊	（1）诊前准备 （2）日常就诊 （3）急诊就医	（8）陪伴病人就诊	1）诊前准备 2）就诊流程 3）急诊就医 ①紧急就医的情况 ②呼叫救护车的注意事项	（1）方法：讲授法、案例教学法、情景模拟法 （2）重点：就诊流程 （3）难点：陪伴病人急诊就医的注意事项	1
课堂学时合计 （照护孕产妇与新生儿 / 照护婴幼儿 / 照护老年人 / 照护病人）							80/76/68/72

附录3　中级职业技能培训要求与课程规范对照表

2.1.3　中级职业技能培训要求				2.2.3　中级职业技能培训课程规范			
职业功能（模块）	培训内容（课程）	技能目标	培训细目	学习单元	课程内容	培训建议	课堂学时
1．制作家庭餐	1-1　加工配菜	1-1-1　能制作馅料	（1）调制3种以上馅料	（1）制作馅料	1）馅料的种类 2）调制馅料 例：①调制豆沙馅 ②调制肉菜馅 ③制作素菜馅	（1）方法：讲授法、演示法、实训（练习）法 （2）重点与难点：馅料的调制方法和注意事项	1
		1-1-2　能水发加工干制植物性原料	（1）冷水发干制植物性原料 （2）热水发干制植物性原料 （3）碱水发干制植物性原料	（2）水发干制植物性原料	1）常见干制植物原料特性 2）水发的方法 ①冷水发 ②热水发 ③碱水发 3）对食物原料进行涨发 ①涨发香菇、玉兰片 ②涨发木耳	（1）方法：讲授法、演示法、实训（练习）法 （2）重点与难点：水发干制植物性原料的方法	1
		1-1-3　能进行动物性原料码味	（1）动物性原料的码味	（3）码味、拍粉、上浆、挂糊	1）码味	（1）方法：讲授法、演示法、实训（练习）法 （2）重点与难点：对食物原料进行码味、拍粉、上浆、挂糊的操作方法	1
		1-1-4　能进行原料拍粉处理	（1）进行2种原料的拍粉处理		2）拍粉 3）上浆 ①水粉浆 ②蛋清浆 ③蛋黄浆		
		1-1-5　能调制水粉糊、全蛋糊、水粉浆、全蛋浆	（1）上浆 （2）挂糊		4）挂糊 ①水粉糊 ②全蛋糊		
		1-1-6　能给菜肴勾芡	（1）调制芡粉汁 （2）勾芡	（4）菜肴勾芡	1）调制单纯芡粉汁 2）调制调味品芡粉汁 3）勾芡 ①摇推 ②翻拌 4）技术要点：投入时间、油量、汤汁量等	（1）方法：讲授法、演示法、实训（练习）法 （2）重点与难点：菜肴的勾芡方法	1

续表

<table>
<tr><th colspan="4">2.1.3　中级职业技能培训要求</th><th colspan="4">2.2.3　中级职业技能培训课程规范</th></tr>
<tr><th>职业功能（模块）</th><th>培训内容（课程）</th><th>技能目标</th><th>培训细目</th><th>学习单元</th><th>课程内容</th><th>培训建议</th><th>课堂学时</th></tr>
<tr><td rowspan="11">1．制作家庭餐</td><td rowspan="11">1-2　烹制膳食</td><td rowspan="2">1-2-1　能制作复合原料的冷菜拼盘</td><td rowspan="2">（1）冷菜拼盘的制作</td><td rowspan="2">（1）冷菜拼盘</td><td>1）拼盘的操作步骤
①垫底
②围边
③装面</td><td rowspan="2">（1）方法：讲授法、演示法、实训（练习）法
（2）重点与难点：复合原料的冷菜拼盘的制作方法</td><td rowspan="2">2</td></tr>
<tr><td>2）拼盘的拼法
①双拼
②三拼</td></tr>
<tr><td rowspan="3">1-2-2　能用煎、烤、烙技术方法制作主食</td><td rowspan="3">（1）运用煎、烤、烙技术方法分别制作3种以上主食</td><td rowspan="3">（2）制作主食</td><td>1）煎制主食
例：生煎包</td><td rowspan="3">（1）方法：讲授法、演示法、实训（练习）法
（2）重点与难点：煎、烤、烙技术方法</td><td rowspan="3">4</td></tr>
<tr><td>2）烤制主食
例：烤馒头片</td></tr>
<tr><td>3）烙制主食
例：烙馅饼</td></tr>
<tr><td rowspan="6">1-2-3　能用煎、炖、汆、烩、烧、焖技术方法烹制菜肴</td><td rowspan="6">（1）运用煎、炖、汆、烩、烧、焖技术方法分别制作3种以上菜肴</td><td rowspan="6">（3）烹制菜肴</td><td>1）煎制菜肴
例：杏鲍菇培根卷</td><td rowspan="6">（1）方法：讲授法、演示法、实训（练习）法
（2）重点与难点：运用各种烹饪技术方法制作菜肴</td><td rowspan="6">10</td></tr>
<tr><td>2）炖制菜肴
例：东坡肉</td></tr>
<tr><td>3）汆制菜肴
例：白灼耗油油菜</td></tr>
<tr><td>4）烩制菜肴
例：家常烩菜</td></tr>
<tr><td>5）烧制菜肴
例：红烧牛肉</td></tr>
<tr><td>6）焖制菜肴
例：油焖大虾</td></tr>
<tr><td rowspan="3">2．洗烫衣物</td><td rowspan="3">2-1　洗涤衣物</td><td rowspan="3">2-1-1　能洗涤羽绒类衣物</td><td rowspan="3">（1）洗涤羽绒类衣物</td><td rowspan="3">（1）洗涤羽绒类衣物</td><td>1）羽绒类衣物的特点</td><td rowspan="3">（1）方法：讲授法、演示法、实物示教法
（2）重点与难点：洗涤羽绒类衣物的方法及注意事项</td><td rowspan="3">1</td></tr>
<tr><td>2）洗涤羽绒类衣物的方法</td></tr>
<tr><td>3）注意事项</td></tr>
</table>

续表

2.1.3 中级职业技能培训要求				2.2.3 中级职业技能培训课程规范			
职业功能（模块）	培训内容（课程）	技能目标	培训细目	学习单元	课程内容	培训建议	课堂学时
2. 洗烫衣物	2-1 洗涤衣物	2-1-2 能洗涤丝绸类衣物	（1）洗涤丝绸类衣物	（2）洗涤丝绸类衣物	1）丝绸类衣物的特点 2）洗涤丝绸类衣物 3）注意事项	（1）方法：讲授法、演示法、实物示教法 （2）重点与难点：洗涤丝绸类衣物的方法及注意事项	1
		2-1-3 能洗涤毛织品衣物	（1）洗涤毛织品衣物	（3）洗涤毛织品衣物	1）毛织品衣物的特点 2）洗涤毛织品衣物 3）注意事项	（1）方法：讲授法、演示法、实物示教法 （2）重点与难点：洗涤毛织品衣物的方法及注意事项	2
	2-2 熨烫衣物	2-2-1 能熨烫衬衫和领带 2-2-2 能熨烫西装 2-2-3 能熨烫套裙类服装	（1）常用熨烫设备的使用 （2）熨烫衣物 （1）熨烫西服衣裤 （1）熨烫套裙类服装	（1）熨烫衣物	1）熨烫三要素：温度、湿度、压力 2）常用熨烫设备的使用 ①熨斗的使用 ②挂烫机的使用 3）熨烫衣物 ①熨烫衬衫 ②熨烫领带 ③熨烫西装 ④熨烫套裙	（1）方法：讲授法、演示法、实物示教法、实训（练习）法 （2）重点与难点：熨烫衣物的方法及注意事项	4
3. 保洁家居	3-1 保洁家居设施	3-1-1 能使用保洁设备进行家居保洁	（1）机械保洁设备的使用与保养 （2）智能保洁设备的使用与保养	（1）保洁设备的使用与保养	1）机械保洁设备的使用与保养：吸尘器 2）智能保洁设备的使用与保养：智能扫地机器人	（1）方法：讲授法、演示法、实物示教法、实训（练习）法 （2）重点与难点：保洁设备的使用方法及注意事项	1
		3-1-2 能保洁居室装饰墙面	（1）保洁硅藻泥墙面 （2）保洁石材墙面	（2）保洁居室装饰墙面	1）居室装饰墙面的种类 2）保洁居室装饰墙面 ①保洁硅藻泥墙面 ②保洁石材墙面	（1）方法：讲授法、演示法、实物示教法、实训（练习）法 （2）重点与难点：保洁居室装饰墙面的方法及注意事项	2

续表

<table>
<tr><th colspan="4">2.1.3 中级职业技能培训要求</th><th colspan="4">2.2.3 中级职业技能培训课程规范</th></tr>
<tr><th>职业功能（模块）</th><th>培训内容（课程）</th><th>技能目标</th><th>培训细目</th><th>学习单元</th><th>课程内容</th><th>培训建议</th><th>课堂学时</th></tr>
<tr><td rowspan="14">3. 保洁家居</td><td rowspan="2">3-1 保洁家居设施</td><td rowspan="2">3-1-3 能保洁居室地板</td><td rowspan="2">（1）保洁居室实木地板
（2）保洁居室强化木地板
（3）保洁居室竹木地板</td><td rowspan="2">（3）保洁居室地板</td><td>1）居室地板的种类</td><td rowspan="2">（1）方法：讲授法、演示法、实物示教法、实训（练习）法
（2）重点与难点：保洁居室地板</td><td rowspan="2">1</td></tr>
<tr><td>2）保洁居室地板
①保洁实木地板
②保洁强化木地板
③保洁竹木地板</td></tr>
<tr><td rowspan="12">3-2 保洁家居用品</td><td rowspan="3">3-2-1 能清洁、养护皮革类家居用品</td><td rowspan="3">（1）清洁、养护皮质沙发
（2）清洁、养护人造革座椅</td><td rowspan="3">（1）清洁、养护皮革类家居用品</td><td>1）清洁、养护皮革类家居用品的方法及注意事项</td><td rowspan="3">（1）方法：讲授法、演示法、实物示教法、实训（练习）法
（2）重点与难点：清洁、养护皮革类家居用品的方法及注意事项</td><td rowspan="3">1</td></tr>
<tr><td>2）清洁、养护皮质沙发</td></tr>
<tr><td>3）清洁、养护人造革座椅</td></tr>
<tr><td rowspan="2">3-2-2 能进行更衣柜、展示柜等板式家具保洁</td><td rowspan="2">（1）清洁、养护板式家具</td><td rowspan="2">（2）清洁、养护板式家具</td><td>1）清洁、养护板式家具的方法</td><td rowspan="2">（1）方法：演示法、实物示教法、实训（练习）法
（2）重点与难点：清洁、养护板式家具的方法及注意事项</td><td rowspan="2">1</td></tr>
<tr><td>2）清洁、养护板式家具的注意事项</td></tr>
<tr><td rowspan="4">3-2-3 能清洁、养护厨房操作台面</td><td rowspan="4">（1）清洁、养护人造石操作台面
（2）清洁、养护不锈钢操作台面</td><td rowspan="4">（3）清洁、养护厨房操作台面</td><td>1）厨房操作台面材质的种类</td><td rowspan="4">（1）方法：讲授法、演示法、实训（练习）法
（2）重点与难点：清洁、养护厨房操作台面的方法及注意事项</td><td rowspan="4">1</td></tr>
<tr><td>2）清洁、养护厨房操作台面的方法及注意事项</td></tr>
<tr><td>3）清洁、养护人造石操作台面</td></tr>
<tr><td>4）清洁、养护不锈钢操作台面</td></tr>
<tr><td rowspan="3">3-2-4 能进行挂毯和地毯保洁</td><td rowspan="3">（1）清洁、养护纯毛地毯
（2）清洁、养护混纺挂毯</td><td rowspan="3">（4）清洁、养护挂毯和地毯</td><td>1）清洁、养护挂毯和地毯的常见方法和注意事项</td><td rowspan="3">（1）方法：讲授法、演示法
（2）重点与难点：清洁、养护挂毯和地毯的方法及注意事项</td><td rowspan="3">1</td></tr>
<tr><td>2）清洁、养护纯毛地毯</td></tr>
<tr><td>3）清洁、养护混纺挂毯</td></tr>
</table>

续表

2.1.3 中级职业技能培训要求				2.2.3 中级职业技能培训课程规范			
职业功能（模块）	培训内容（课程）	技能目标	培训细目	学习单元	课程内容	培训建议	课堂学时
4．照护孕产妇与新生儿	4-1 照护孕妇	4-1-1 能为孕妇制订营养膳食计划	（1）孕妇的营养需求及食物来源 （2）为孕妇制订营养膳食计划	（1）制作孕妇营养膳食	1）孕期各阶段的营养需求及食物来源	（1）方法：讲授法、演示法、实训（练习）法 （2）重点：制作孕妇孕期营养膳食 （3）难点：制订孕期各阶段营养膳食计划	3
					2）孕期各阶段营养膳食计划的制订原则		
		4-1-2 能为孕妇制作营养膳食	（1）为孕妇制作6种以上营养膳食		3）制作孕期营养膳食 例：①山药红枣粥 ②清蒸鲈鱼 ③羊肉汤		
		4-1-3 能指导孕妇进行乳房护理	（1）乳房的生理结构 （2）指导孕妇进行乳房护理	（2）乳房护理	1）乳房的构造以及孕期乳腺的生理变化	（1）方法：讲授法、案例教学法 （2）重点：乳房护理的方法及注意事项 （3）难点：平坦及凹陷乳头的矫正	1
					2）乳房护理的要点 ①日常清洁 ②正确按摩 ③养护乳房皮肤 ④遵医嘱进行乳头纠正		
					3）指导孕妇进行乳房护理的方法及注意事项		
		4-1-4 能指导孕妇进行安全自护	（1）指导孕妇安全自护	（3）指导孕妇进行安全自护	1）孕妇安全自护的目的及要点	（1）方法：讲授法、案例教学法 （2）重点与难点：孕妇安全自护的方法	1
					2）孕妇安全自护的方法 ①加强孕妇安全自护意识 ②孕妇着装、居住环境的要求 ③孕妇工作、居家、外出、运动的注意事项		

续表

<table>
<tr><th colspan="4">2.1.3　中级职业技能培训要求</th><th colspan="4">2.2.3　中级职业技能培训课程规范</th></tr>
<tr><th>职业功能（模块）</th><th>培训内容（课程）</th><th>技能目标</th><th>培训细目</th><th>学习单元</th><th>课程内容</th><th>培训建议</th><th>课堂学时</th></tr>
<tr><td rowspan="14">4. 照护孕产妇与新生儿</td><td rowspan="12">4-2　照护产妇</td><td rowspan="3">4-2-1　能为产妇制作膳食</td><td rowspan="3">（1）为产妇制作6种以上营养膳食
（2）为产妇制作6种以上催乳膳食
（3）为产妇制作加餐餐点</td><td rowspan="3">（1）制作产妇膳食</td><td>1）制作营养膳食
例：①小米红薯粥
②蒜蓉丝瓜
③番茄烩牛腩</td><td rowspan="3">（1）方法：讲授法、演示法、实训（练习）法
（2）重点与难点：制作产妇催乳膳食的方法及注意事项</td><td rowspan="3">8</td></tr>
<tr><td>2）制作催乳膳食
例：①通草鲫鱼汤
②乌鸡汤
③黄豆猪蹄汤</td></tr>
<tr><td>3）制作加餐餐点
例：①全麦吐司
②紫薯包
③鲜肉馄饨</td></tr>
<tr><td rowspan="5">4-2-2　能为产妇做乳房护理</td><td rowspan="5">（1）为产妇做乳房护理
（2）指导产妇使用吸奶器</td><td rowspan="2">（2）乳房护理</td><td>1）产后乳房的生理结构及特征</td><td rowspan="2">（1）方法：讲授法、演示法、模拟实训（练习）法
（2）重点：乳房护理的方法
（3）难点：了解产后乳房的生理结构及特征</td><td rowspan="2">1</td></tr>
<tr><td>2）乳房护理的方法及注意事项</td></tr>
<tr><td rowspan="3">（3）吸奶器的使用</td><td>1）使用吸奶器</td><td rowspan="3">（1）方法：演示法、实训（练习）法
（2）重点与难点：使用吸奶器的方法</td><td rowspan="3">1</td></tr>
<tr><td>2）清洗吸奶器</td></tr>
<tr><td>3）消毒吸奶器
①蒸汽消毒
②煮沸消毒</td></tr>
<tr><td rowspan="4">4-2-3　能指导产妇做形体恢复操</td><td rowspan="4">（1）指导产妇做形体恢复操
（2）指导产妇产后科学康复</td><td rowspan="4">（4）产妇形体恢复操</td><td>1）产妇做形体恢复操的意义</td><td rowspan="4">（1）方法：演示法、角色扮演法
（2）重点与难点：产后形体恢复操的做法</td><td rowspan="4">3</td></tr>
<tr><td>2）产后形体恢复操的类型</td></tr>
<tr><td>3）产后形体恢复操的做法</td></tr>
<tr><td>4）产后科学康复的方法及注意事项</td></tr>
<tr><td rowspan="2">4-3　照护新生儿</td><td rowspan="2">4-3-1　能给新生儿喂服药物</td><td rowspan="2">（1）给新生儿喂服药物</td><td rowspan="2">（1）给新生儿喂药</td><td>1）给新生儿喂药的要点</td><td rowspan="2">（1）方法：讲授法、演示法、情景表演法
（2）重点与难点：给新生儿喂药的方法</td><td rowspan="2">1</td></tr>
<tr><td>2）给新生儿喂药的方法</td></tr>
</table>

续表

2.1.3 中级职业技能培训要求				2.2.3 中级职业技能培训课程规范			
职业功能（模块）	培训内容（课程）	技能目标	培训细目	学习单元	课程内容	培训建议	课堂学时
4．照护孕产妇与新生儿	4–3 照护新生儿	4–3–2 能照护新生儿二便并观察异常情况	（1）照护新生儿大小便 （2）识别二便的异常情况	（2）照护新生儿二便	1）新生儿二便的特点	（1）方法：讲授法、演示法、案例教学法 （2）重点与难点：新生儿异常二便的识别	2
					2）照护新生儿二便		
					3）新生儿异常二便的识别		
		4–3–3 能给新生儿做抚触	（1）给新生儿做抚触	（3）给新生儿做抚触	1）新生儿抚触的好处	（1）方法：演示法、观摩法、实训（练习）法 （2）重点与难点：给新生儿做抚触的方法、流程及注意事项	3
					2）给新生儿做抚触的流程、方法及注意事项		
5．照护婴幼儿	5–1 照护膳食	5–1–1 能给婴幼儿制订营养膳食计划	（1）制订婴幼儿营养膳食计划	（1）制作膳食	1）营养素与婴幼儿生长发育的关系	（1）方法：讲授法、演示法、实训（练习）法 （2）重点与难点：制作营养膳食的方法及注意事项	4
					2）不同月龄段婴幼儿膳食的特点与调配原则		
		5–1–2 能给婴幼儿制作营养膳食	（1）给婴幼儿制作6种以上营养膳食		3）不同年龄段婴幼儿膳食的制作方法 例：①南瓜泥 ②什锦蛋羹 ③鲜肉馄饨		
					4）注意事项		
	5–2 照护起居	5–2–1 能给婴幼儿说儿歌、讲故事	（1）给婴幼儿说儿歌、讲故事	（1）给婴幼儿说儿歌、讲故事	1）婴幼儿语言发展规律	（1）方法：讲授法、演示法、情景表演法 （2）重点与难点：给婴幼儿说儿歌、讲故事的基本要求及注意事项	2
					2）给婴幼儿说儿歌、讲故事的基本要求及注意事项		

续表

2.1.3　中级职业技能培训要求				2.2.3　中级职业技能培训课程规范			
职业功能（模块）	培训内容（课程）	技能目标	培训细目	学习单元	课程内容	培训建议	课堂学时
5．照护婴幼儿	5–2　照护起居	5–2–2　能训练婴幼儿抬头、翻身	（1）训练婴幼儿抬头 （2）训练婴幼儿翻身	（2）训练婴幼儿抬头、翻身	1）抬头、翻身能力发展的作用 2）训练婴幼儿抬头 3）训练婴幼儿翻身	（1）方法：讲授法、情景表演法 （2）重点与难点：训练婴幼儿抬头、翻身的方法及注意事项	1
		5–2–3　能训练婴幼儿坐、爬、站立、行走	（1）训练婴幼儿坐 （2）训练婴幼儿爬 （3）训练婴幼儿站立 （4）训练婴幼儿行走	（3）训练婴幼儿坐、爬、站立、行走	1）坐、爬、站立、行走对生长发育的作用 2）训练婴幼儿坐、爬、站立、行走的方法及注意事项	（1）方法：讲授法、情景表演法 （2）重点与难点：爬和行走的训练方法及注意事项	1
6．照护老年人	6–1　料理膳食	6–1–1　能为老年人制定日常食谱	（1）老年人必需营养素的日常来源 （2）为老年人制定日常食谱	（1）制定日常食谱	1）老年人三餐的营养需求 2）老年人必需营养素的食物来源 3）制定日常食谱的方法及注意事项	（1）方法：讲授法、讨论法 （2）重点与难点：制定日常食谱的方法及注意事项	2
		6–1–2　能为老年人制作主食	（1）为老年人制作6种以上主食	（2）制作主食	1）老年人主食的制作要求 2）制作主食例：①红薯粥 ②杂粮面 ③素蒸饺	（1）方法：讲授法、演示法、实训（练习）法 （2）重点与难点：制作主食的方法及注意事项	2

续表

2.1.3　中级职业技能培训要求				2.2.3　中级职业技能培训课程规范			
职业功能（模块）	培训内容（课程）	技能目标	培训细目	学习单元	课程内容	培训建议	课堂学时
6. 照护老年人	6-1　照护膳食	6-1-3　能为老年人制作菜肴	（1）为老年人制作6种以上菜肴	（3）制作菜肴	1）老年人菜肴的制作要求	（1）方法：讲授法、演示法、实训（练习）法 （2）重点与难点：制作菜肴的方法及注意事项	2
					2）制作菜肴 例：①四喜丸子 ②豉蒸鸡 ③洋葱炒猪肝		
		6-1-4　能为老年人制作汤羹	（1）为老年人制作6种以上汤羹	（4）制作汤羹	1）老年人汤羹的制作要求	（1）方法：讲授法、演示法、实训（练习）法 （2）重点与难点：制作汤羹的方法及注意事项	2
					2）制作汤羹 例：①山药红枣猪蹄汤 ②蛤蜊丝瓜汤 ③家常羹		
	6-2　照护起居	6-2-1　能与老年人进行情感交流	（1）与老年人进行情感交流	（1）与老年人交流并疏导不良情绪	1）老年人的心理特点及情感特点	（1）方法：讲授法、情景表演法、角色扮演法 （2）重点与难点：灵活运用沟通技巧与老年人进行情感沟通	2
					2）与老年人交流技巧		
		6-2-2　能观察和疏导老年人的不良情绪	（1）观察老年人的不良情绪 （2）疏导老年人的不良情绪		3）观察老年人的不良情绪		
					4）疏导老年人的不良情绪		

续表

2.1.3 中级职业技能培训要求				2.2.3 中级职业技能培训课程规范			
职业功能（模块）	培训内容（课程）	技能目标	培训细目	学习单元	课程内容	培训建议	课堂学时
6．照护老年人	6-2 照护起居	6-2-3 能指导老年人进行休闲娱乐	（1）给老年人读书、读报 （2）指导老年人使用计算机 （3）指导老年人使用智能手机	（2）指导老年人进行休闲、娱乐	1）给老年人进行休闲娱乐的目的	（1）方法：讲授法、情景表演法 （2）重点：指导老年人使用智能手机 （3）难点：预防电信、网络诈骗	2
					2）给老年人读书、读报		
					3）指导老年人使用计算机		
					4）指导老年人使用智能手机		
					5）预防电信、网络诈骗		
7．照护病人	7-1 料理膳食	7-1-1 能遵医嘱为病人制作治疗膳食	（1）制作治疗膳食	（1）制作治疗膳食	1）病人的营养需求及来源	（1）方法：讲授法、演示法、实训（练习）法 （2）重点与难点：制作治疗膳食的方法及注意事项	3
					2）治疗膳食的分类及制作要求		
		7-1-2 能遵医嘱为病人制作管灌膳食	（1）制作管灌膳食	（2）制作管灌膳食	1）管灌膳食的基本知识 ①适用范围 ②禁忌证	（1）方法：讲授法、演示法、实训（练习）法 （2）重点与难点：制作管灌膳食的方法及注意事项	2
					2）制作管灌膳食的方法及注意事项		
		7-1-3 能遵医嘱为病人进行鼻导管喂食	（1）鼻导管喂食	（3）鼻导管喂食	1）鼻导管喂食的基本知识 ①适用范围 ②禁忌证	（1）方法：演示法、实训（练习）法 （2）重点与难点：鼻导管喂食的方法及注意事项	1
					2）鼻导管喂食的方法及注意事项		
	7-2 照护起居	7-2-1 能与病人进行情感交流	（1）与病人进行情感交流	（1）与病人进行情感交流	1）语言沟通的技巧	（1）方法：讲授法、情境模拟法、案例教学法 （2）重点与难点：针对不同性格病人进行情感交流	2
					2）病人的情感特点		
					3）与病人进行情感交流的方法		

续表

2.1.3 中级职业技能培训要求				2.2.3 中级职业技能培训课程规范			
职业功能（模块）	培训内容（课程）	技能目标	培训细目	学习单元	课程内容	培训建议	课堂学时
7．照护病人	7–2 照护起居	7–2–2 能观察并疏导病人的不良情绪	（1）观察病人不良情绪 （2）疏导病人的不良情绪	（2）疏导不良情绪	1）病人常见不良情绪 2）疏导病人不良情绪	（1）方法：讲授法、情景表演法、角色扮演法 （2）重点与难点：疏导病人不良情绪的方法	1
		7–2–3 能为失能病人进行口腔护理	（1）为失能病人清洁口腔	（3）口腔护理	1）清洁口腔的目的 2）清洁口腔的方法 3）口腔护理的注意事项	（1）方法：讲授法、演示法、实训（练习）法 （2）重点与难点：清洁口腔的方法	1
		7–2–4 能给卧床病人更换床单、被褥	（1）为卧床病人更换床单、被褥	（4）更换床单、被褥	1）更换床单、被褥的目的及要点 2）为卧床病人更换床单、被褥	（1）方法：讲授法、演示法、实训（练习）法 （2）重点与难点：为卧床病人更换床单、被褥的方法	2
		7–2–5 能给病人做冷敷或热敷护理	（1）冷敷护理 （2）热敷护理	（5）冷敷护理	1）冷敷的目的 2）冷敷的方法及注意事项 3）冷敷的禁忌证	（1）方法：讲授法、演示法、情景表演法 （2）重点与难点：冷敷的方法	1
				（6）热敷护理	1）热敷的目的 2）热敷的方法及注意事项 3）热敷的禁忌证	（1）方法：讲授法、演示法、情景表演法 （2）重点与难点：热敷的方法	1
		7–2–6 能遵医嘱为病人煎煮中草药	（1）为病人煎煮中草药 （2）照护病人服用中草药	（7）煎服中草药	1）为病人煎煮中草药 2）照护病人服用中草药	（1）方法：讲授法、演示法 （2）重点与难点：煎煮中草药的注意事项	2
课堂学时合计 （照护孕产妇与新生儿 / 照护婴幼儿 / 照护老年人 / 照护病人）							60/44/48/52

附录 4　高级职业技能培训要求与课程规范对照表

<table>
<tr><th colspan="4">2.1.4　高级职业技能培训要求</th><th colspan="4">2.2.4　高级职业技能培训课程规范</th></tr>
<tr><th>职业功能（模块）</th><th>培训内容（课程）</th><th>技能目标</th><th>培训细目</th><th>学习单元</th><th>课程内容</th><th>培训建议</th><th>课堂学时</th></tr>
<tr><td rowspan="11">1. 制作家庭餐</td><td rowspan="11">1-1　加工配菜</td><td rowspan="4">1-1-1　能拼摆复合水果原料拼盘</td><td rowspan="4">（1）拼盘原料选择
（2）制作 3 种以上水果拼盘</td><td rowspan="4">（1）拼摆复合水果拼盘</td><td>1）拼盘原料选择方法</td><td rowspan="4">（1）方法：讲授法、演示法、实训（练习）法
（2）重点与难点：制作水果拼盘的方法</td><td rowspan="4">4</td></tr>
<tr><td>2）拼盘制作的 3 种方法
①排
②围
③堆</td></tr>
<tr><td>3）拼盘常用刀法</td></tr>
<tr><td>4）制作水果拼盘</td></tr>
<tr><td rowspan="2">1-1-2　能加工海鲜类食物原料</td><td rowspan="2">（1）海鲜食用前处理
（2）加工海鲜类食物原料</td><td rowspan="2">（2）加工海鲜类食物原料</td><td>1）海鲜食用前处理方法
①海鱼
②贝类
③虾、蟹
④海蜇
⑤干货</td><td rowspan="2">（1）方法：讲授法、演示法、实训（练习）法
（2）重点与难点：加工海鲜类食物原料的方法</td><td rowspan="2">3</td></tr>
<tr><td>2）海鲜的常见做法及注意事项
①熟食法
②生食法
③干腊法
④腌食法</td></tr>
<tr><td rowspan="2">1-1-3　能油发干制食物原料</td><td rowspan="2">（1）油炸干制食物原料
（2）水浸干制食物原料
（3）漂清干制食物原料</td><td rowspan="2">（3）油发干制食物原料</td><td>1）油发的方法
①油炸
②水浸
③漂清</td><td rowspan="2">（1）方法：讲授法、演示法
（2）重点与难点：油发干制食物的方法</td><td rowspan="2">2</td></tr>
<tr><td>2）油发鱼肚</td></tr>
<tr><td rowspan="3">1-1-4　能调制醋椒味、鱼香味</td><td rowspan="3">（1）调制醋椒味
（2）调制鱼香味</td><td rowspan="3">（4）调制醋椒味、鱼香味</td><td>1）醋椒味、鱼香味的特点</td><td rowspan="3">（1）方法：讲授法、演示法、实训（练习）法
（2）重点与难点：调制醋椒味、鱼香味的方法</td><td rowspan="3">1</td></tr>
<tr><td>2）调制醋椒味</td></tr>
<tr><td>3）调制鱼香味</td></tr>
</table>

续表

2.1.4 高级职业技能培训要求				2.2.4 高级职业技能培训课程规范			
职业功能（模块）	培训内容（课程）	技能目标	培训细目	学习单元	课程内容	培训建议	课堂学时
1．制作家庭餐	1-2 烹制膳食	1-2-1 能制作清汤、浓汤、素汤	（1）清汤的制作 （2）浓汤的制作 （3）素汤的制作	（1）制作汤羹	1）制作清汤	（1）方法：讲授法、演示法、实训（练习）法 （2）重点与难点：制作清汤、浓汤、素汤的方法	2
					2）制作浓汤		
					3）制作素汤		
		1-2-2 能制作鱼、虾、鸡类茸胶菜品	（1）制作茸胶菜品	（2）制作茸胶菜品	1）鱼、虾、鸡类茸的特点	（1）方法：讲授法、演示法、实训（练习）法 （2）重点与难点：制作茸胶菜品的方法	2
					2）制作茸胶菜品 例：清汤鱼丸		
		1-2-3 能运用烤、熘、爆、扒、煨等技法烹制菜肴	（1）制作3种以上烤制菜肴 （2）制作3种以上熘制菜肴 （3）制作3种以上爆制菜肴 （4）制作3种以上扒制菜肴 （5）制作3种以上煨制菜肴	（3）烹制菜肴	1）烤制菜肴 例：蒜蓉生蚝	（1）方法：演示法、实训（练习）法 （2）重点与难点：运用烤、熘、爆、扒、煨等技法烹制菜肴的方法	6
					2）熘制菜肴 例：醋溜白菜		
					3）爆制菜肴 例：葱爆羊肉		
					4）扒制菜肴 例：蚝油杏鲍菇		
					5）煨制菜肴 例：萝卜煨牛腩		
		1-2-4 能制作5种中、西餐糕点	（1）制作5种以上中餐糕点 （2）制作5种以上西餐糕点	（4）制作糕点	1）糕点的特点	（1）方法：讲授法、演示法、实训（练习）法 （2）重点与难点：制作糕点的方法	4
					2）制作糕点的工具		
					3）制作中餐糕点 例：①烧卖 ②绿豆糕 ③南瓜饼		
					4）制作西餐糕点 例：①奶酪三明治 ②葡式蛋挞 ③黑森林蛋糕		

续表

2.1.4 高级职业技能培训要求				2.2.4 高级职业技能培训课程规范			
职业功能（模块）	培训内容（课程）	技能目标	培训细目	学习单元	课程内容	培训建议	课堂学时
1. 制作家庭餐	1–2 烹制膳食	1–2–5 能研磨咖啡豆并冲煮咖啡	（1）研磨咖啡豆 （2）冲煮咖啡	（5）研磨咖啡豆并冲煮咖啡	1）研磨咖啡豆的方法 2）冲泡咖啡 3）煮制咖啡	（1）方法：讲授法、演示法、实物示教法 （2）重点与难点：煮制咖啡的方法	2
2. 美化家居	2–1 美化居室	2–1–1 能识别并选择插花材料	（1）识别花材 （2）选择花材	（1）花材的分类与选择	1）花材的分类 ①按花材性质分类 ②按所属器官分类 ③按形态分类 ④按构图作用分类 2）常用花语及选花常识	（1）方法：讲授法、演示法、实物示教法 （2）重点与难点：花材的识别和选择	2
		2–1–2 能依据家居环境插摆 3 种造型花卉	（1）插摆 3 种造型花卉 （2）插花作品的保鲜和养护	（2）插摆花卉	1）插花的工具 2）花器的种类 3）插花的步骤 4）插花种类 5）插花造型的原则及方法 6）插花作品的保鲜和养护方法	（1）方法：演示法、实物示教法、实训（练习）法 （2）重点与难点：花卉造型的插摆	4
		2–1–3 能依据居室使用功能摆放家具和饰品	（1）摆放家具 （2）摆放饰品	（3）摆放家具和饰品	1）摆放家具 2）摆放饰品	（1）方法：讲授法、观摩法、实物示教法 （2）重点与难点：家具和饰品的摆放	1
	2–2 美化庭院	2–2–1 能养护花木	（1）养护花木	（1）花木养护	1）花木生长的特点 2）养护花木的方法	（1）方法：讲授法、演示法、实物示教法 （2）重点与难点：养护花木的方法	1

续表

2.1.4　高级职业技能培训要求				2.2.4　高级职业技能培训课程规范			
职业功能（模块）	培训内容（课程）	技能目标	培训细目	学习单元	课程内容	培训建议	课堂学时
2．美化家居	2-2　美化庭院	2-2-2　能修剪庭院草坪与绿篱	(1) 草坪机的使用 (2) 修剪草坪与绿篱	(2) 修剪庭院草坪与绿篱	1) 草坪机的种类及其使用方法 2) 修剪草坪 3) 修剪绿篱	(1) 方法：讲授法、演示法、实训（练习）法 (2) 重点与难点：修剪草坪与绿篱的方法	1
		2-2-3　能摆放和养护庭院绿植	(1) 摆放庭院绿植 (2) 养护庭院绿植	(3) 摆放和养护庭院绿植	1) 庭院绿植的种类 2) 摆放庭院绿植 3) 养护庭院绿植	(1) 方法：讲授法、演示法、观摩法、实训（练习）法 (2) 重点与难点：摆放和养护庭院绿植的要点	1
3．照护孕产妇与新生儿	3-1　照护孕妇	3-1-1　能为孕妇制作营养膳食	(1) 为孕妇制作9种以上营养膳食	(1) 制作营养膳食	1) 制作营养膳食例：①清蒸鲈鱼 ②板栗仔鸡 ③枸杞西米银耳羹	(1) 方法：演示法、讨论法、实训（练习）法 (2) 重点与难点：制作营养膳食的方法	3
		3-1-2　能指导孕妇胎教	(1) 指导孕妇胎教 (2) 为孕妇推荐胎教音乐 (3) 为孕妇推荐胎教故事	(2) 指导孕妇胎教	1) 胎教的种类 2) 指导孕妇胎教的基本方法及注意事项	(1) 方法：讲授法、演示法、案例教学法 (2) 重点与难点：指导孕妇胎教的基本方法	1
		3-1-3　能疏导孕妇的不良情绪	(1) 辨别孕妇的不良情绪 (2) 疏导孕妇的不良情绪	(3) 疏导孕妇不良情绪	1) 孕妇的心理特点 2) 孕妇各种不良情绪的表现 3) 疏导孕妇不良情绪	(1) 方法：讲授法、案例教学法、角色扮演法 (2) 重点与难点：灵活掌握各种不良情绪的疏导方法	2

续表

2.1.4 高级职业技能培训要求				2.2.4 高级职业技能培训课程规范			
职业功能（模块）	培训内容（课程）	技能目标	培训细目	学习单元	课程内容	培训建议	课堂学时
3．照护孕产妇与新生儿	3-1 照护孕妇	3-1-4 能护理妊娠期常见病	（1）护理患妊娠期高血压的孕妇 （2）护理患妊娠合并糖尿病的孕妇 （3）护理先兆流产及先兆早产的孕妇 （4）护理前置胎盘及胎盘早剥的孕妇 （5）护理胎膜早破的孕妇	（4）妊娠期常见疾病的表现与护理	1）妊娠期高血压疾病的表现与护理 2）妊娠合并糖尿病的表现与护理 3）先兆流产及先兆早产的表现与护理 4）前置胎盘及胎盘早剥的表现与护理 5）胎膜早破的表现与护理	（1）方法：讲授法、案例教学法 （2）重点：妊娠期常见疾病的护理方法 （3）难点：识别妊娠期常见疾病	2
	3-2 照护产妇	3-2-1 能为产妇制作催乳膳食	（1）为产妇制作9种以上催乳膳食	（1）制作催乳膳食	1）产妇催乳膳食的基本特点 2）制作催乳膳食例：①黄芪虾仁汤 ②海参花胶肉骨汤 ③花胶补血养颜汤	（1）方法：演示法、实训（练习）法 （2）重点与难点：制作催乳膳食的方法及注意事项	4
		3-2-2 能按摩产妇乳房、疏通堵塞乳腺	（1）按摩产妇乳房 （2）疏通堵塞乳腺	（2）按摩乳房、疏通乳腺管	1）产妇乳房肿胀的原因 2）按摩产妇乳房的目的和方法 3）疏通堵塞乳腺管的基本方法	（1）方法：演示法、实训（练习）法 （2）重点与难点：疏通堵塞乳腺的方法	4
		3-2-3 能处置乳头凹陷和皲裂	（1）纠正产妇乳头凹陷 （2）产妇乳头皲裂的护理	（3）处置产妇乳头凹陷和皲裂	1）产妇乳头凹陷和皲裂的原因 2）产妇乳头凹陷的纠正 3）产妇乳头皲裂的护理	（1）方法：讲授法、演示法、实训（练习）法 （2）重点与难点：乳头凹陷的纠正和乳头皲裂的护理方法	2

续表

<table>
<tr><th colspan="4">2.1.4 高级职业技能培训要求</th><th colspan="4">2.2.4 高级职业技能培训课程规范</th></tr>
<tr><th>职业功能（模块）</th><th>培训内容（课程）</th><th>技能目标</th><th>培训细目</th><th>学习单元</th><th>课程内容</th><th>培训建议</th><th>课堂学时</th></tr>
<tr><td rowspan="10">3．照护孕产妇与新生儿</td><td rowspan="10">3–2 照护产妇</td><td rowspan="3">3–2–4 能照护产妇恶露</td><td rowspan="3">（1）观察产妇恶露
（2）照护产妇恶露</td><td rowspan="3">（4）照护产妇恶露</td><td>1）恶露的概念及种类</td><td rowspan="3">（1）方法：讲授法
（2）重点与难点：识别产妇恶露的异常</td><td rowspan="3">1</td></tr>
<tr><td>2）观察产妇恶露</td></tr>
<tr><td>3）照护产妇恶露</td></tr>
<tr><td rowspan="3">3–2–5 能遵医嘱照护产妇分娩伤口</td><td rowspan="3">（1）识别自然分娩产妇伤口位置
（2）遵医嘱照护自然分娩产妇及剖宫产产妇的伤口</td><td rowspan="3">（5）照护产妇伤口</td><td>1）识别自然分娩产妇的会阴伤口位置</td><td rowspan="3">（1）方法：讲授法、演示法
（2）重点与难点：照护产妇伤口的方法</td><td rowspan="3">1</td></tr>
<tr><td>2）照护会阴伤口</td></tr>
<tr><td>3）照护剖宫产产妇伤口</td></tr>
<tr><td rowspan="4">3–2–6 能疏导产妇不良情绪</td><td rowspan="4">（1）疏导产妇不良情绪
（2）预防产后抑郁症</td><td rowspan="4">（6）疏导产妇不良情绪</td><td>1）产妇的心理特点</td><td rowspan="4">（1）方法：讲授法、案例教学法、角色扮演法
（2）重点：疏导不良情绪的方法
（3）难点：产后抑郁症的发现与及时引导治疗</td><td rowspan="4">2</td></tr>
<tr><td>2）产妇不良情绪产生的原因
①健康知识掌握情况
②身体恢复情况
③分娩情况
④新生儿情况
⑤情感支持情况</td></tr>
<tr><td>3）疏导产妇不良情绪的方法</td></tr>
<tr><td>4）预防产后抑郁症
①特征
②危害性
③引导家属重视产后抑郁症的及时治疗</td></tr>
</table>

续表

2.1.4　高级职业技能培训要求				2.2.4　高级职业技能培训课程规范			
职业功能（模块）	培训内容（课程）	技能目标	培训细目	学习单元	课程内容	培训建议	课堂学时
3．照护孕产妇与新生儿	3–3 照护新生儿	3–3–1 能照护患黄疸的新生儿	（1）区分不同类型黄疸的表现 （2）照护患有生理性黄疸的新生儿 （3）照护患有母乳性黄疸的新生儿	（1）照护患黄疸的新生儿	1）鉴别不同类型黄疸的表现 ①生理性黄疸 ②病理性黄疸 ③母乳性黄疸 2）照护患有生理性黄疸的新生儿 3）照护患有母乳性黄疸的新生儿	（1）方法：讲授法、案例教学法 （2）重点：照护患黄疸的新生儿的方法 （3）难点：鉴别新生儿不同类型黄疸的表现	2
		3–3–2 能照护体重异常的新生儿	（1）照护早产儿 （2）照护低出生体重儿 （3）照护巨大儿	（2）照护体重异常的新生儿	1）新生儿体重异常的原因 2）照护早产儿 3）照护低出生体重儿 4）照护巨大儿	（1）方法：讲授法、案例教学法 （2）重点：体重异常新生儿的照护方法 （3）难点：照护体重异常新生儿的注意事项	2
		3–3–3 能及时发现并应对新生儿异常情况	（1）识别新生儿常见的异常情况 （2）及时应对新生儿异常情况	（3）发现并应对新生儿的异常情况	1）新生儿常见的异常情况 2）及时应对新生儿的异常情况	（1）方法：案例教学法、观摩法 （2）重点与难点：新生儿异常情况的识别及应对	2
4．照护婴幼儿	4–1 功能训练	4–1–1 能为婴幼儿做被动操或主被动操	（1）为婴幼儿做被动操 （2）为婴幼儿做主被动操	（1）婴幼儿大动作训练	1）做视听觉操 2）做被动操 3）做主被动操 4）做头部模仿操 5）做肢体模仿操	（1）方法：讲授法、演示法 （2）重点与难点：被动操的节奏及手法	4
		4–1–2 能带领婴幼儿做模仿操	（1）做头部模仿操 （2）做肢体模仿操				

续表

2.1.4 高级职业技能培训要求				2.2.4 高级职业技能培训课程规范			
职业功能（模块）	培训内容（课程）	技能目标	培训细目	学习单元	课程内容	培训建议	课堂学时
4．照护婴幼儿	4-1 功能训练	4-1-3 能训练婴幼儿的语言能力	（1）进行婴幼儿语言训练	（2）婴幼儿语言训练	1）语言训练的意义	（1）方法：讲授法、角色扮演法、情景表演法 （2）重点与难点：跟婴幼儿进行语言交流	2
					2）语言训练的方法 ①引导法 ②交流法 ③图画法		
		4-1-4 能训练婴幼儿的生活自理能力	（1）训练婴幼儿生活自理能力	（3）婴幼儿生活自理能力训练	1）生活自理能力训练的意义	（1）方法：讲授法、演示法、情景表演法 （2）重点与难点：要求婴幼儿配合家政服务员的训练	2
					2）不同月龄婴幼儿生活自理能力训练的内容		
					3）不同月龄婴幼儿生活自理能力训练的方法		
		4-1-5 能训练婴幼儿色彩、事物的识别能力	（1）训练婴幼儿识别色彩 （2）训练婴幼儿识别事物	（4）婴幼儿认知能力训练	1）婴幼儿认知能力训练的意义	（1）方法：讲授法、演示法、实物示教法 （2）重点与难点：训练婴幼儿认知能力的方法	2
					2）婴幼儿认知能力训练的内容		
					3）婴幼儿认知能力训练的方法 ①色彩识别 ②事物识别		

续表

2.1.4 高级职业技能培训要求				2.2.4 高级职业技能培训课程规范			
职业功能（模块）	培训内容（课程）	技能目标	培训细目	学习单元	课程内容	培训建议	课堂学时
4．照护婴幼儿	4-2 照护起居	4-2-1 能为婴幼儿制订日间照护计划	（1）制定婴幼儿日间照护内容 （2）制订婴幼儿日间照护计划	（1）制订婴幼儿日间照护计划	1）制订我国北方地区不同月龄婴幼儿日间照护计划 （2）制订我国南方地区婴幼儿日间照护计划	（1）方法：讲授法、情景表演法、角色扮演法 （2）重点与难点：了解日间照护的内容并合理安排	2
		4-2-2 能带领婴幼儿进行计划免疫	（1）接种前准备 （2）正确接种 （3）接种后的护理	（2）婴幼儿计划免疫	1）免疫、计划免疫的定义 2）接种前的准备 3）接种的内容 4）接种后的护理	（1）方法：讲授法 （2）重点与难点：接种后的观察	2
		4-2-3 能及时发现并应对婴幼儿异常情况	（1）发现婴幼儿异常情况 （2）应对婴幼儿异常情况	（3）发现并应对婴幼儿异常情况	1）啼哭方面异常情况的表现及应对 2）精神状态方面异常情况的表现及应对 3）食欲方面异常情况的表现及应对 4）睡眠方面异常情况的表现及应对 5）便溺方面异常情况的表现及应对 6）呼吸方面异常情况的表现及应对	（1）方法：讲授法、演示法 （2）重点与难点：及时发现异常情况	2
		4-2-4 能遵医嘱照护患常见病的婴幼儿	（1）护理患湿疹的婴幼儿 （2）护理患上呼吸道感染病症的婴幼儿	（4）照护患常见病的婴幼儿	1）湿疹的症状和护理方法 2）上呼吸道感染的症状和护理方法	（1）方法：讲授法、演示法 （2）重点与难点：常见病症状和护理方法	2
		4-2-5 能处理婴幼儿常见意外伤害	（1）处理婴幼儿常见意外伤害	（5）婴幼儿意外伤害的处理	1）常见意外伤害的处理 2）注意事项	（1）方法：讲授法、案例教学法 （2）重点与难点：常见意外伤害的处理	2

续表

2.1.4　高级职业技能培训要求				2.2.4　高级职业技能培训课程规范			
职业功能（模块）	培训内容（课程）	技能目标	培训细目	学习单元	课程内容	培训建议	课堂学时
5．照护病人	5-1　康复护理	5-1-1　能遵医嘱给瘫痪病人做康复训练	（1）给瘫痪病人做肢体被动运动 （2）给瘫痪病人按摩	（1）给瘫痪病人做康复训练	1）瘫痪病人肢体康复训练方法 ①肢体被动运动方法 ②按摩手法	（1）方法：演示法、观摩法、角色扮演法 （2）重点与难点：给瘫痪病人做肢体被动运动的方法	2
					2）瘫痪病人肢体康复训练的注意事项		
		5-1-2　能照护患压疮的病人	（1）预防压疮 （2）照护患压疮的病人	（2）压疮的护理	1）压疮的形成机理 ①压疮发生的原因 ②压疮的分期	（1）方法：讲授法、案例教学法、角色扮演法 （2）重点与难点：压疮的护理方法	2
					2）压疮的好发部位		
					3）压疮的预防方法		
					4）压疮的护理方法 ①淤血红润期护理 ②炎症浸润期护理 ③溃疡期护理		
	5-2　心肺复苏技术	5-2-1　能使用心肺复苏技术救护危重病人	（1）心肺复苏技术的使用	（1）心肺复苏技术	1）心肺复苏技术的基本知识	（1）方法：演示法、情景表演法、案例教学法、角色扮演法 （2）重点：心肺复苏的操作方法 （3）难点：能够运用心肺复苏技术救护危重病人	4
					2）心肺复苏技术的操作方法及注意事项		

续表

2.1.4 高级职业技能培训要求				2.2.4 高级职业技能培训课程规范			
职业功能（模块）	培训内容（课程）	技能目标	培训细目	学习单元	课程内容	培训建议	课堂学时
6．职业指导与管理	6-1 职业培训	6-1-1 能培训初级、中级家政服务员	（1）确认培训对象需求 （2）根据课程规范拟订培训计划 （3）做好培训准备 （4）实施培训 （5）培训效果评估 （6）培训后整理	（1）培训初级、中级家政服务员	1）初级家政服务员培训内容 2）中级家政服务员培训内容 3）教学技巧 ①教学设计 ②教学方法 ③课堂教学技能 4）培训初级、中级家政服务员 ①确认培训对象需求 ②根据课程规范拟订培训计划 ③做好培训准备 ④实施培训 ⑤培训效果评估 ⑥培训后整理	（1）方法：讲授法、情景表演法、角色扮演法 （2）重点与难点：培训初级、中级家政服务员的方法和技巧	4
		6-1-2 能评估初级、中级家政服务员工作绩效	（1）编写家政服务员工作绩效报告 （2）确立评估目标 （3）确定评估计划 （4）实施评估 （5）后续管理	（2）评估家政服务员工作绩效	1）评估工作绩效基本知识 2）工作绩效报告内容及编写方法 3）评估初级、中级家政服务员的工作绩效 ①确立评估目标 ②确定评估计划 ③实施评估 ④后续管理	（1）方法：讲授法、讨论法 （2）重点与难点：评估家政服务员的工作绩效	4
课堂学时合计 （照护孕产妇与新生儿 / 照护婴幼儿 / 照护病人）							72/64/52

附录 5　技师职业技能培训要求与课程规范对照表

<table>
<tr><th colspan="4">2.1.5　技师职业技能培训要求</th><th colspan="4">2.2.5　技师职业技能培训课程规范</th></tr>
<tr><th>职业功能（模块）</th><th>培训内容（课程）</th><th>技能目标</th><th>培训细目</th><th>学习单元</th><th>课程内容</th><th>培训建议</th><th>课堂学时</th></tr>
<tr><td rowspan="11">1. 料理家宴</td><td rowspan="11">1-1　家宴准备</td><td rowspan="8">1-1-1　能编制家宴方案</td><td rowspan="8">（1）设计家宴菜点
（2）编制家宴方案</td><td rowspan="2">（1）家宴及家宴方案基本知识</td><td>1）家庭宴请的概念及分类
①宴请的菜式
②宴请的性质和主题</td><td rowspan="2">（1）方法：讲授法、讨论法
（2）重点与难点：家庭宴请方案编制方法</td><td rowspan="2">1</td></tr>
<tr><td>2）宴请方案的编制
①编制内容
②家宴方案编制原则</td></tr>
<tr><td rowspan="3">（2）编制中餐家宴方案</td><td>1）设计中餐家宴的菜点</td><td rowspan="3">（1）方法：讲授法、讨论法、实训（练习）法
（2）重点与难点：中餐家宴方案编制方法</td><td rowspan="3">2</td></tr>
<tr><td>2）编制中餐家宴的方案</td></tr>
<tr><td>3）注意事项</td></tr>
<tr><td rowspan="3">（3）编制西餐家宴方案</td><td>1）设计西餐家宴的菜点</td><td rowspan="3">（1）方法：讲授法、讨论法、实训（练习）法
（2）重点与难点：西餐家宴方案编制方法</td><td rowspan="3">2</td></tr>
<tr><td>2）编制西餐家宴的方案</td></tr>
<tr><td>3）注意事项</td></tr>
<tr><td rowspan="3">1-1-2　能依据家宴方案准备家宴用品</td><td rowspan="3">（1）选配家宴会用品
（2）清洗与保养家宴用品</td><td rowspan="3">（4）依据家宴方案准备家宴用品</td><td>1）家宴用品的分类
①中餐宴请用品
②西餐宴请用品</td><td rowspan="3">（1）方法：讲授法、演示法、实训（练习）法
（2）重点与难点：家宴餐饮用具的选配</td><td rowspan="3">2</td></tr>
<tr><td>2）家宴用品的选用
①盛器的选配
②茶具的选配
③酒具的选配</td></tr>
<tr><td>3）餐具、酒具的清洗与保养
①清洗方法
②揩擦方法
③存放保养</td></tr>
</table>

续表

2.1.5 技师职业技能培训要求				2.2.5 技师职业技能培训课程规范			
职业功能（模块）	培训内容（课程）	技能目标	培训细目	学习单元	课程内容	培训建议	课堂学时
1. 料理家宴	1-1 家宴准备	1-1-3 能依据家宴主题进行环境布置	（1）家宴环境布置的意义及要素 （2）布置不同主题的家宴	（5）依据家宴主题进行环境布置	1）家宴环境布置的意义	（1）方法：讲授法、情景表演法、实训（练习）法 （2）重点与难点：不同主题家宴环境的布置方法	2
					2）家宴环境的布置要素 ①灯光 ②音效 ③餐台 ④饰品		
					3）根据不同主题家宴进行环境布置 例：①寿宴 ②生日宴 ③迎送宴 ④纪念宴 ⑤节日宴		
		1-1-4 能依据家宴方案进行摆台	（1）中餐宴席摆台	（6）中餐宴席摆台	1）餐台及台布的选择 ①台布的种类 ②餐台的选用 ③台布的配用	（1）方法：讲授法、演示法、情景表演法、实训（练习）法 （2）重点与难点：中餐宴席摆台技能	2
					2）铺设餐桌台布 ①铺设前的准备 ②餐桌台布铺设要求		
					3）中餐宴席摆台 ①摆台前的准备 ②中餐宴席摆台 ③摆台操作注意事项		

续表

2.1.5 技师职业技能培训要求				2.2.5 技师职业技能培训课程规范			
职业功能（模块）	培训内容（课程）	技能目标	培训细目	学习单元	课程内容	培训建议	课堂学时
1. 料理家宴	1–1 家宴准备	1–1–4 能依据家宴方案进行摆台	（2）西餐宴席摆台 （3）餐巾折花	（7）西餐宴席摆台	1）餐台及台布的选择 ①台布的种类 ②餐台的选用 ③台布的配用	（1）方法：讲授法、演示法、情景表演法、实训（练习）法 （2）重点与难点：西餐宴席摆台技能	2
					2）铺设餐桌台布 ①铺设前的准备 ②餐桌台布铺设要求		
					3）西餐宴席摆台 ①摆台前的准备 ②西餐宴席摆台 ③摆台操作注意事项		
				（8）餐巾折花	1）餐巾折花造型种类	（1）方法：讲授法、演示法、实训（练习）法 （2）重点与难点：餐巾折花的技法	3
					2）餐巾折花造型选择 ①根据宴会的性质选择 ②根据宗教信仰选择 ③根据接待对象选择		
					3）折花前的准备工作		
					4）餐巾折花的基本技法		
					5）餐巾折花的摆放要求		

续表

2.1.5 技师职业技能培训要求				2.2.5 技师职业技能培训课程规范			
职业功能（模块）	培训内容（课程）	技能目标	培训细目	学习单元	课程内容	培训建议	课堂学时
1. 料理家宴	1-2 家宴服务	1-2-1 能依据家宴方案制作中式菜肴	（1）制作中式特色菜肴	（1）依据家宴方案制作中式菜肴	1）八大菜系的特点 ①鲁菜（山东）特点 ②川菜（四川）特点 ③粤菜（广东）特点 ④苏菜（江苏）特点 ⑤闽菜（福建）特点 ⑥浙菜（浙江）特点 ⑦湘菜（湖南）特点 ⑧徽菜（徽州）特点 ⑨其他地方特色菜特点 2）不同菜系典型菜肴的制作方法 ①鲁菜（山东）制作方法 ②川菜（四川）制作方法 ③粤菜（广东）制作方法 ④苏菜（江苏）制作方法 ⑤闽菜（福建）制作方法 ⑥浙菜（浙江）制作方法 ⑦湘菜（湖南）制作方法 ⑧徽菜（徽州）制作方法 ⑨其他地方特色菜制作方法	（1）方法：讲授法、演示法、实训（练习）法 （2）重点与难点：中国八大菜系制作方法与成菜特点	4

续表

<table>
<tr><td colspan="4">2.1.5 技师职业技能培训要求</td><td colspan="4">2.2.5 技师职业技能培训课程规范</td></tr>
<tr><td>职业功能（模块）</td><td>培训内容（课程）</td><td>技能目标</td><td>培训细目</td><td>学习单元</td><td>课程内容</td><td>培训建议</td><td>课堂学时</td></tr>
<tr><td rowspan="12">1. 料理家宴</td><td rowspan="12">1-2 家宴服务</td><td rowspan="5">1-2-2 能依据家宴方案制作西餐</td><td rowspan="5">（1）制作西餐
（2）制作西式点心</td><td rowspan="5">（2）制作西式餐点</td><td>1）西式餐点的特点</td><td rowspan="5">（1）方法：讲授法、演示法、实训（练习）法
（2）重点：西餐制作方法
（3）难点：西式点心的制作技法</td><td rowspan="5">8</td></tr>
<tr><td>2）常用西餐的制作方法</td></tr>
<tr><td>3）西式餐点常用原料及制作用具</td></tr>
<tr><td>4）常见西餐制作例：①黑椒牛排
②蛤蜊巧达汤
③虾仁沙拉</td></tr>
<tr><td>5）常见西式点心制作
①火腿培根披萨
②奶酪饼干
③牛油蛋糕</td></tr>
<tr><td rowspan="5">1-2-3 能准备宴会饮品</td><td rowspan="5">（1）准备酒精饮品和无酒精饮品
（2）调制3种以上宴会饮品</td><td rowspan="5">（3）调制宴会饮品</td><td>1）宴会饮品基本知识
①酒精饮品
②无酒精饮品</td><td rowspan="5">（1）方法：讲授法、演示法、实训（练习）法
（2）重点与难点：无酒精类饮品调制方法</td><td rowspan="5">6</td></tr>
<tr><td>2）鸡尾酒的调制</td></tr>
<tr><td>3）茶的冲泡</td></tr>
<tr><td>4）果汁的调制</td></tr>
<tr><td>5）咖啡的制作</td></tr>
<tr><td rowspan="2">1-2-4 能进行宴席服务</td><td rowspan="2">（1）中式宴席服务
（2）西式宴席服务</td><td rowspan="2">（4）进行宴席服务</td><td>1）中式宴席服务
①入席服务
②斟酒服务
③上菜服务
④撤换餐具
⑤席间服务
⑥清理餐桌</td><td rowspan="2">（1）方法：讲授法、演示法、实训（练习）法
（2）重点：宴席服务内容与注意事项
（3）难点：宴席服务内容和服务技能</td><td rowspan="2">2</td></tr>
<tr><td>2）西式宴席服务
①餐前鸡尾酒服务
②入席服务
③上菜服务
④席间服务
⑤清理餐桌</td></tr>
</table>

续表

<table>
<tr><th colspan="4">2.1.5　技师职业技能培训要求</th><th colspan="4">2.2.5　技师职业技能培训课程规范</th></tr>
<tr><th>职业功能（模块）</th><th>培训内容（课程）</th><th>技能目标</th><th>培训细目</th><th>学习单元</th><th>课程内容</th><th>培训建议</th><th>课堂学时</th></tr>
<tr><td rowspan="6">2．家政管理</td><td rowspan="6">2–1　家庭事务管理</td><td rowspan="3">2–1–1　能应用信息化技术管理家庭事务</td><td rowspan="3">（1）建立家庭事务信息化管理系统
（2）应用家庭事务信息化技术</td><td rowspan="3">（1）应用信息化技术管理家庭事务</td><td>1）家庭事务信息化管理
①家庭事务信息化管理的概念
②家庭事务信息化管理的目的
③家庭事务信息化管理的作用</td><td rowspan="3">（1）方法：讲授法、演示法
（2）重点与难点：家庭事务信息化管理内容与系统规划</td><td rowspan="3">4</td></tr>
<tr><td>2）家庭事务信息化管理系统的建立
①收集整理信息
②设计信息渠道
③构建管理系统
④建立反馈机制</td></tr>
<tr><td>3）家庭事务信息化技术应用
①制作电子相册
②制作采买清单
③管理安保系统</td></tr>
<tr><td rowspan="3">2–1–2　能为雇主分类整理家庭档案资料</td><td rowspan="3">（1）家庭档案的分类整理
（2）家庭档案的归档保管</td><td rowspan="3">（2）分类整理家庭档案资料</td><td>1）家庭档案概述</td><td rowspan="3">（1）方法：讲授法、演示法
（2）重点与难点：家庭档案的分类及归档保管方法</td><td rowspan="3">2</td></tr>
<tr><td>2）家庭档案的分类
①证书类
②医疗保健类
③理财类
④文稿书信类
⑤家电使用维护类
⑥声像类
⑦实物类
⑧综合类</td></tr>
<tr><td>3）家庭档案的整理
①遵循自然形成规律
②明确家庭档案收集范围</td></tr>
</table>

续表

2.1.5 技师职业技能培训要求				2.2.5 技师职业技能培训课程规范			
职业功能（模块）	培训内容（课程）	技能目标	培训细目	学习单元	课程内容	培训建议	课堂学时
2．家政管理	2-1 家庭事务管理	2-1-2 能为雇主分类整理家庭档案资料			4）家庭档案的保管 ①整理档案资料 ②编写档案目录 ③分类保管档案 ④应用档案管理软件 ⑤制定档案使用原则		
		2-1-3 能管理家庭日常财务收支	（1）管理家庭日常财务收入 （2）管理家庭日常财务支出 （3）编制家庭财务报表 （4）编制家庭预算表	（3）管理家庭日常财务收支	1）家庭理财的含义 ①设定家庭理财目标 ②掌握现时收支及资产债务状况 ③合理应用投资渠道，增加家庭财富	（1）方法：讲授法、演示法、实训（练习）法 （2）重点：家庭日常财务管理的原则和方法 （3）难点：编制家庭财务报表的方法	4
					2）家庭日常财务管理的原则和方法 ①家庭日常财务管理原则 ②家庭日常财务管理方法		
					3）家庭财务收支分类 ①家庭常见财务收入 ②家庭常见财务支出		
					4）编制家庭财务报表 ①编制家庭资产负债表 ②编制家庭收支表 ③注意事项		

续表

2.1.5 技师职业技能培训要求				2.2.5 技师职业技能培训课程规范			
职业功能（模块）	培训内容（课程）	技能目标	培训细目	学习单元	课程内容	培训建议	课堂学时
2．家政管理	2-1 家庭事务管理	2-1-3 能管理家庭日常财务收支			5）编制家庭预算表 ①设定财务目标，分析收支出数据 ②依据客户需求编制每月、每季度、每年的预算表		
					6）掌握财务管理应用软件		
					7）家庭财务管理注意事项		
		2-1-4 能拟订家庭成员健康膳食管理计划	（1）拟订各类人群膳食管理计划	（4）拟订家庭成员健康膳食管理计划	1）拟订健康膳食管理计划的原则与方法 ①遵循营养配餐原则 ②系统编制营养食谱 ③系统考虑特定人群膳食	（1）方法：讲授法、演示法 （2）重点与难点：家庭营养食谱的编制原则和方法	4
					2）拟订特定人群膳食计划 ①0～6个月婴儿喂养要点 ②6～12个月婴儿喂养要点 ③幼儿膳食要点 ④学龄前儿童膳食要点 ⑤早龄儿童及青少年膳食要点 ⑥孕期妇女膳食要点 ⑦哺乳期妇女膳食要点 ⑧老年人膳食要点		
					3）卫生指导和监督		

续表

<table>
<tr><th colspan="4">2.1.5　技师职业技能培训要求</th><th colspan="4">2.2.5　技师职业技能培训课程规范</th></tr>
<tr><th>职业功能（模块）</th><th>培训内容（课程）</th><th>技能目标</th><th>培训细目</th><th>学习单元</th><th>课程内容</th><th>培训建议</th><th>课堂学时</th></tr>
<tr><td rowspan="7">2．家政管理</td><td rowspan="7">2-1　家庭事务管理</td><td rowspan="7">2-1-5　能制定家政服务岗位规范并实施岗位分类管理</td><td rowspan="7">（1）区分家政服务岗位
（2）分类制定家政服务岗位规范</td><td rowspan="7">（5）制定家政服务岗位规范并实施岗位分类管理</td><td>1）家政服务岗位的分类
①家务料理（洗烫衣物、烹饪、卫生清洁）
②养老陪护
③病患康复护理
④母婴照护
⑤家庭教育
⑥育婴早教
⑦庭院美化
⑧养生保健</td><td rowspan="7">（1）方法：讲授法、演示法、实训（练习）法
（2）重点与难点：家政服务岗位分类与工作职责制定原则</td><td rowspan="7">2</td></tr>
<tr><td>2）制定家政服务岗位规范的作用</td></tr>
<tr><td>3）制定家政服务岗位规范的原则
①关注岗位职责
②以当前工作为依据
③以工作结果为判断依据</td></tr>
<tr><td>4）制定家政服务岗位规范的方法
①观察法
②工作日志记录法</td></tr>
<tr><td>5）家政服务岗位职责</td></tr>
<tr><td>6）制定家政服务工作流程的方法</td></tr>
<tr><td>7）制定家政服务工作流程的注意事项</td></tr>
</table>

续表

2.1.5　技师职业技能培训要求				2.2.5　技师职业技能培训课程规范			
职业功能（模块）	培训内容（课程）	技能目标	培训细目	学习单元	课程内容	培训建议	课堂学时
2．家政管理	2-2　休闲娱乐管理	2-2-1　能编制家庭出行计划	（1）编制家庭出行计划	（1）编制家庭出行计划	1）家庭出行常识 ①相关概念 ②家庭出行分类 ③家庭出行安全 2）编制家庭出行计划的原则 ①只选近的，不选远的 ②只选熟的，不选生的 ③只选有人的地方，不选没人去的地方 ④只选节奏慢的，不选野营拉练的 3）家庭出行计划的内容 ①出行目的 ②出行时间 ③出行地点 ④参与成员 ⑤出行方式 ⑥景点基本情况 ⑦出行流程 ⑧经费预算 4）编制家庭出行计划的方法 ①注重流程 ②依照成员需求 ③考虑特殊成员 ④事后总结完善	（1）方法：讲授法、演示法、实训（练习）法 （2）重点与难点：编制家庭出行计划的方法	1

续表

2.1.5　技师职业技能培训要求				2.2.5　技师职业技能培训课程规范			
职业功能（模块）	培训内容（课程）	技能目标	培训细目	学习单元	课程内容	培训建议	课堂学时
2．家政管理	2-2　休闲娱乐管理	2-2-2　能根据出行计划完成出行准备	（1）确定家庭出行准备内容 （2）制订家庭出行准备计划	（2）根据出行计划进行出行准备	1）家庭出行基础准备 ①出行费用 ②旅行社办理手续 ③了解天气 ④熟悉路线 ⑤落实住宿 ⑥准备食物并了解出行地美食 ⑦掌握景点基本情况 2）出行物资准备 ①证件准备 ②药品准备 ③必备衣物 ④生活用品 ⑤电子设备 ⑥必备小物品 3）家庭出行注意事项	（1）方法：讲授法、演示法、实训（练习）法 （2）重点与难点：确定家庭出行准备内容	2
		2-2-3　能安排来访客人的行程	（1）确定访客接待规格 （2）安排访客行程 （3）做好各项预订工作	（3）安排来访客人的行程	1）了解访客情况 2）确定接待标准 3）提前预定衣食住行 4）安排接待陪同人员 5）依据访客情况安排行程	（1）方法：讲授法、演示法、实训（练习）法 （2）重点与难点：访客接待方法和行程安排方法	2

续表

2.1.5 技师职业技能培训要求				2.2.5 技师职业技能培训课程规范			
职业功能（模块）	培训内容（课程）	技能目标	培训细目	学习单元	课程内容	培训建议	课堂学时
2．家政管理	2-2 休闲娱乐管理	2-2-4 能陪同雇主或来访客人出行并提供出行服务	（1）做好陪同雇主或访客出行的准备 （2）做好陪同出行的服务	（4）陪同雇主或访客出行	1）陪同雇主出行 ①做好出行准备 ②做好出行服务	（1）方法：讲授法、演示法 （2）重点与难点：家政服务员陪同出行工作内容及注意事项	2
					2）陪同访客出行 ①自驾车辆出行常识 ②沿途讲解行程常识 ③风光景观常识讲解 ④出行服务常识		
					3）陪同礼仪 ①迎接礼仪 ②陪伴同车礼仪 ③陪同出行礼仪		
					4）陪同出行的注意事项		
		2-2-5 能制定家庭娱乐方案	（1）确定时间与地点 （2）明确参与人员 （3）明确娱乐主题 （4）确定娱乐项目 （5）制定娱乐流程	（5）制定家庭休闲娱乐方案	1）家庭休闲娱乐的分类 ①影音类休闲娱乐 ②棋牌类休闲娱乐 ③保健运动类休闲娱乐 ④饮食类休闲娱乐 ⑤艺术文化类休闲娱乐 ⑥游戏类休闲娱乐	（1）方法：讲授法、演示法 （2）重点与难点：家庭休闲娱乐内容及实施方法	1

续表

2.1.5 技师职业技能培训要求				2.2.5 技师职业技能培训课程规范			
职业功能（模块）	培训内容（课程）	技能目标	培训细目	学习单元	课程内容	培训建议	课堂学时
2．家政管理	2-2 休闲娱乐管理	2-2-5 能制定家庭娱乐方案			2）家庭休闲娱乐原则 ①讲究文明、遵纪守法 ②符合科学规律 ③安排好时间 ④注意安全 ⑤量力而行，不要盲目跟风		
					3）制定家庭休闲娱乐方案 ①确定时间与地点 ②明确参与人员 ③明确娱乐主题 ④确定娱乐项目 ⑤制定娱乐流程		
		2-2-6 能依据娱乐方案准备设施设备并提供服务	（1）家庭常见娱乐设施设备的使用 （2）提供家庭休闲娱乐服务	（6）提供家庭休闲娱乐服务	1）家庭常见娱乐设施设备的使用 ①家庭影音系统 ②棋牌设备 ③保健运动设施 ④饮食类设施 ⑤艺术文化类设施 ⑥家庭游戏类设施	（1）方法：讲授法、演示法、实训（练习）法 （2）重点与难点：遵循家庭休闲娱乐服务的原则提供服务	4
					2）家庭休闲娱乐服务原则 ①有效沟通原则 ②不间断服务原则 ③个性化原则 ④客户至上原则		

续表

<table>
<tr><th colspan="4">2.1.5 技师职业技能培训要求</th><th colspan="4">2.2.5 技师职业技能培训课程规范</th></tr>
<tr><th>职业功能（模块）</th><th>培训内容（课程）</th><th>技能目标</th><th>培训细目</th><th>学习单元</th><th>课程内容</th><th>培训建议</th><th>课堂学时</th></tr>
<tr><td rowspan="16">3. 美化家居</td><td rowspan="16">3-1 美化居室</td><td rowspan="9">3-1-1 能依据使用功能进行居室美化</td><td rowspan="9">(1) 卧室美化
(2) 客厅美化
(3) 书房美化
(4) 厨房美化
(5) 卫生间美化
(6) 阳台美化
(7) 其他空间的美化</td><td rowspan="2">(1) 居室美化基础知识</td><td>1) 居室美化风格
①中式风格
②欧式风格
③田园风格
④现代风格</td><td rowspan="2">(1) 方法：讲授法、案例教学法、演示法
(2) 重点：居室美化风格
(3) 难点：对不同风格特征的理解与掌握</td><td rowspan="2">4</td></tr>
<tr><td>2) 居室美化的注意事项</td></tr>
<tr><td rowspan="7">(2) 居室功能性美化</td><td>1) 卧室美化</td><td rowspan="7">(1) 方法：讲授法、案例教学法、演示法
(2) 重点：各个空间功能性布置
(3) 难点：空间功能的多样化布置</td><td rowspan="7">4</td></tr>
<tr><td>2) 客厅美化</td></tr>
<tr><td>3) 书房美化</td></tr>
<tr><td>4) 厨房美化</td></tr>
<tr><td>5) 卫生间美化</td></tr>
<tr><td>6) 阳台美化</td></tr>
<tr><td>7) 其他空间的美化</td></tr>
<tr><td rowspan="7">3-1-2 能依据使用对象进行居室美化</td><td rowspan="7">(1) 根据家庭成员需求美化居室
(2) 根据风格结合居住者喜好美化居室</td><td rowspan="5">(3) 根据家庭成员需求美化居室</td><td>1) 老人房美化</td><td rowspan="5">(1) 方法：讲授法、案例教学法、实训（练习）法、演示法
(2) 重点：掌握不同年龄与性别人群对居室的需求
(3) 难点：针对家庭成员的不同需求对居室空间进行规划</td><td rowspan="5">4</td></tr>
<tr><td>2) 儿童房美化</td></tr>
<tr><td>3) 青少年房美化</td></tr>
<tr><td>4) 中年男性房间美化</td></tr>
<tr><td>5) 中年女性房间美化</td></tr>
<tr><td rowspan="2">(4) 根据风格结合居住者喜好美化居室</td><td>1) 根据风格结合使用者喜好布置居室</td><td rowspan="2">(1) 方法：讲授法、案例教学法、实训（练习）法、演示法
(2) 重点：掌握不同个性对居室布置产生的影响
(3) 难点：将不同风格与个性特征相结合进行布置</td><td rowspan="2">2</td></tr>
<tr><td>2) 居室个性美化的注意事项</td></tr>
</table>

续表

2.1.5 技师职业技能培训要求				2.2.5 技师职业技能培训课程规范			
职业功能（模块）	培训内容（课程）	技能目标	培训细目	学习单元	课程内容	培训建议	课堂学时
3．美化家居	3-1 美化居室	3-1-3 能对居室清洁、美化质量进行检查评估	（1）评估居室清洁质量 （2）评估居室美化质量	（5）居室清洁质量评估	1）居室清洁质量评估内容	（1）方法：讲授法、实训（练习）法、演示法 （2）重点：掌握居室清洁质量评估的标准 （3）难点：掌握居室清洁质量评估的方法	3
					2）居室清洁质量评估标准		
					3）居室清洁质量评估方法		
				（6）居室美化质量评估	1）居室美化质量评估内容	（1）方法：讲授法、实训（练习）法、演示法 （2）重点：掌握居室美化质量评估的标准 （3）难点：掌握居室美化质量评估的方法	3
					2）居室美化质量评估标准		
					3）居室美化质量评估方法		
	3-2 美化庭院	3-2-1 能制定庭院美化方案	（1）根据庭院大小制定美化方案 （2）根据庭院形状制定美化方案 （3）根据庭院地理位置和环境条件制定美化方案 （4）根据庭院的风格制定美化方案 （5）根据居住者的情况制定美化方案	（1）制定庭院美化方案	1）庭院美化流程 ①前期准备 ②方案设计 ③方案实施 ④后期优化	（1）方法：讲授法、案例教学法、实训（练习）法、演示法 （2）重点：根据庭院地理位置和环境条件制定美化方案 （3）难点：根据居住者的情况制定美化方案	8
					2）庭院美化方案制定美化方法 ①根据庭院大小制定美化方案 ②根据庭院形状制定美化方案 ③根据庭院地理位置和环境条件制定美化方案 ④根据庭院的风格制定美化方案 ⑤根据居住者的情况制定美化方案		
					3）庭院美化的注意事项		

续表

2.1.5 技师职业技能培训要求				2.2.5 技师职业技能培训课程规范			
职业功能（模块）	培训内容（课程）	技能目标	培训细目	学习单元	课程内容	培训建议	课堂学时
3．美化家居	3-2 美化庭院	3-2-2 能种植、养护庭院景观草坪	（1）种植景观草坪 （2）养护景观草坪	（2）种植与养护景观草坪	1）种植景观草坪的方法 ①种子播种法 ②铺草皮法	（1）方法：讲授法、案例教学法、实训（练习）法、演示法 （2）重点：养护草坪的方法 （3）难点：草坪养护中防虫害、病害的方法	8
					2）养护景观草坪的方法 ①浇水 ②追肥 ③松土 ④修剪 ⑤除杂 ⑥排水 ⑦防虫害 ⑧防病害		
		3-2-3 能栽培、移植、养护庭院花木	（1）庭院花木栽培技术 （2）庭院花木移植技术 （3）庭院花木养护技术	（3）栽培、移植、养护庭院花木	1）庭院花木栽培技术	（1）方法：讲授法 （2）重点：庭院花木养护技术 （3）难点：花木养护中供土、修剪、防治病虫害的技术	8
					2）庭院花木移植技术		
					3）庭院花木养护技术 ①浇水 ②供土 ③施肥 ④修剪 ⑤防治病虫害		

续表

2.1.5 技师职业技能培训要求				2.2.5 技师职业技能培训课程规范			
职业功能（模块）	培训内容（课程）	技能目标	培训细目	学习单元	课程内容	培训建议	课堂学时
3．美化家居	3-2 美化庭院	3-2-4 能养护庭院盆景	（1）浇水 （2）施肥 （3）光照 （4）通风 （5）防治病虫害 （6）换盆 （7）修剪	（4）庭院盆景养护技术	1）浇水 2）施肥 3）光照 4）通风 5）防治病虫害 6）换盆 7）修剪	（1）方法：讲授法、实训（练习法） （2）重点：掌握对盆景进行浇水、施肥、防治病虫害、换盆、修剪等操作的方法 （3）难点：熟悉盆景的修剪方法	4
4．家教辅助	4-1 婴幼儿教育辅助	4-1-1 能甄选开发婴幼儿智力的儿歌、游戏	（1）甄选婴幼儿智力开发内容 （2）开展婴幼儿智力开发训练	（1）开发婴幼儿智力	1）婴幼儿智力发展特点 ①0 ~ 6 个月婴幼儿智力发展特点 ②6 ~ 12 个月婴幼儿智力发展特点 ③12 ~ 18 个月婴幼儿智力发展特点 ④18 ~ 24 个月婴幼儿智力发展特点 ⑤24 ~ 36 个月婴幼儿智力发展特点 2）婴幼儿智力开发内容甄选的原则 ①根据婴幼儿个体差异 ②根据不同月龄婴幼儿智力发展特点 ③根据家庭教养环境的差异性 3）0~3 岁婴幼儿智力训练方法 ①游戏训练法 ②儿歌训练法	（1）方法：讲授法 （2）重点与难点：婴幼儿各月龄智力发展特点及开发婴幼儿智力训练的科学方法，能够将智力开发融入婴幼儿的日常游戏和语言训练中	4

续表

2.1.5 技师职业技能培训要求				2.2.5 技师职业技能培训课程规范			
职业功能（模块）	培训内容（课程）	技能目标	培训细目	学习单元	课程内容	培训建议	课堂学时
4．家教辅助	4-1 婴幼儿教育辅助	4-1-2 能甄选可促进婴幼儿品格发展的游戏和音乐	（1）甄选婴幼儿品格培养的内容 （2）进行婴幼儿品格培养训练	（2）培养婴幼儿品格	1）婴幼儿品格发展特点 ①0～18个月婴幼儿的品格发展特点 ②18～36个月婴幼儿的品格发展特点	（1）方法：讲授法 （2）重点与难点：婴幼儿在不同时期品格发展的特点及品格训练的科学方法	4
					2）婴幼儿品格培养内容的甄选原则 ①根据兴趣与动机甄选 ②根据情绪与情感甄选 ③根据性格与意志甄选		
					3）婴幼儿品格培养的基本方法 ①游戏培养法 ②音乐培养法		
		4-1-3 能培养婴幼儿的社会交往能力	（1）培养婴幼儿社会交往能力	（3）培养婴幼儿的社会交往能力	1）婴幼儿社会交往特点 ①0～6个月婴幼儿社会交往特点 ②6～12个月婴幼儿社会交往特点 ③12～18个月婴幼儿社会交往特点 ④18～24个月婴幼儿社会交往特点 ⑤24～36个月婴幼儿社会交往特点	（1）方法：讲授法 （2）重点与难点：婴幼儿不同时期的社会交往特点及社会交往能力培养训练方法	4
					2）婴幼儿社会交往能力培养方法 ①情景模拟法 ②角色扮演法		

续表

2.1.5 技师职业技能培训要求				2.2.5 技师职业技能培训课程规范			
职业功能（模块）	培训内容（课程）	技能目标	培训细目	学习单元	课程内容	培训建议	课堂学时
4．家教辅助	4-2 学龄前儿童教育辅助	4-2-1 能培养学龄前儿童言行习惯	（1）学龄前儿童语言与行为发展的科学训练	（1）学龄前儿童言行特点及科学训练	1）学龄前儿童语言、行为能力发展特点 ①3～4岁儿童言行发展特点 ②4～5岁儿童言行发展特点 ③5～6岁儿童言行发展特点 2）儿童语言、行为发展的科学训练方法 ①3～4岁儿童的训练方法 ②4～5岁儿童的训练方法 ③5～6岁儿童的训练方法	（1）方法：讲授法 （2）重点与难点：学龄前儿童语言、行为发展特点及科学训练方法	4
		4-2-2 能培养学龄前儿童社会交往能力	（1）学龄前儿童社会交往能力的科学训练	（2）学龄前儿童社会交往能力发展特点及科学训练	1）学龄前儿童社会交往能力发展特点 ①3～4岁儿童社会交往能力发展特点 ②4～5岁儿童社会交往能力发展特点 ③5～6岁儿童社会交往能力发展特点 2）培养学龄前儿童社会交往能力的科学训练方法 ①情绪管理法 ②挫折应对法	（1）方法：讲授法 （2）重点与难点：学龄前儿童社会交往能力发展的特点及科学训练的方法	4

续表

2.1.5 技师职业技能培训要求				2.2.5 技师职业技能培训课程规范			
职业功能（模块）	培训内容（课程）	技能目标	培训细目	学习单元	课程内容	培训建议	课堂学时
4．家教辅助	4–2 学龄前儿童教育辅助	4–2–3 能培养学龄前儿童学习习惯	（1）培养学龄前儿童学习习惯	（3）培养学龄前儿童学习习惯	1）学龄前儿童学习习惯培养内容 ①学会倾听 ②喜欢阅读 ③增强注意力 ④懂得遵守纪律	（1）方法：讲授法 （2）重点与难点：学龄前儿童学习习惯的培养内容及培养方法	4
					2）学龄前儿童良好学习习惯的培养方法 ①优化学习环境 ②培养学习兴趣 ③养成读书习惯 ④鼓励表扬为主，逐渐养成好的学习习惯		
5．培训指导与管理	5–1 培训评估	5–1–1 能编制家政服务员培训质量评估计划	（1）培训需求分析 （2）确定评估内容（项目） （3）明确评估要点 （4）制定评估标准	（1）编制家政服务员培训质量评估计划	1）培训质量评估的作用 ①鉴定与诊断作用 ②反馈与沟通作用 ③导向与激励作用 ④竞争与发展的作用	（1）方法：讲授法、演示法 （2）重点与难点：培训质量评估方法和培训质量评估计划的编制方法	4
					2）培训质量评估内容 ①培训前评估 ②培训中评估 ③培训后评估		
					3）培训质量评估的方法 ①笔试测验法 ②问卷调查法 ③实操测验法 ④绩效评价法 ⑤目标评价法 ⑥测试比较法		

续表

2.1.5 技师职业技能培训要求				2.2.5 技师职业技能培训课程规范			
职业功能（模块）	培训内容（课程）	技能目标	培训细目	学习单元	课程内容	培训建议	课堂学时
5．培训指导与管理	5-1 培训评估	5-1-1 能编制家政服务员培训质量评估计划			4）编制培训质量评估计划的原则 ①客观性原则 ②整体性原则 ③发展性原则 ④简易与可行性原则		
					5）编制培训质量评估计划 ①培训需求分析 ②确定评估内容（项目） ③明确评估要点 ④制定评估标准		
		5-1-2 能组织实施家政服务员培训质量评估	（1）确定培训质量评估模式	（2）组织实施家政服务员培训质量评估	1）培训质量评估模式 ①反应层评估 ②学习层评估 ③行为层评估 ④结果层评估	（1）方法：讲授法、演示法 （2）重点与难点：培训质量评估的主要模式	4
			（2）组织实施家政服务员培训质量评估		2）实施培训质量评估注意事项 ①保证培训质量评估的全面性 ②不同的评估内容应采用不同的评估方法 ③要系统记录管理评估情况 ④跟踪受训者培训情况		
					3）实施培训质量评估关键环节 ①完善数据 ②确定评估内容 ③建立评估的反馈系统		

续表

2.1.5 技师职业技能培训要求				2.2.5 技师职业技能培训课程规范			
职业功能（模块）	培训内容（课程）	技能目标	培训细目	学习单元	课程内容	培训建议	课堂学时
5．培训指导与管理	5-2 岗位管理	5-2-1 能编制家政服务员岗位管理规范	（1）编制家政服务员岗位管理规范	（1）编制家政服务员岗位管理规范	1）岗位管理规范概述	（1）方法：讲授法、演示法 （2）重点与难点：家政服务员岗位管理规范编制要点	2
					2）家政服务员岗位管理规范编制要点 ①坚持实事求是的原则 ②坚持系统、全面、统一的原则 ③坚持职务、责任、权限、利益相一致的原则 ④坚持繁简适度、通俗易懂的原则 ⑤管理规范需遵循渐进、适时修改和完善原则		
		5-2-2 能依据家政服务员岗位管理规范进行岗位督导	（1）确定接受督导的人员 （2）确定督导内容 （3）确定督导方案 （4）依据岗位管理规范进行岗位督导 （5）分析处理信息	（2）依据家政服务员岗位管理规范进行岗位督导	1）岗位督导概述	（1）方法：讲授法、演示法 （2）重点与难点：家政服务员岗位督导方法	2
					2）家政服务员岗位督导内容 ①岗位应具有的专业理论知识 ②岗位应具有的专业技能 ③岗位应具有的工作态度		
					3）家政服务员岗位督导方法 ①确定接受督导的人员 ②确定督导内容 ③确定督导方案 ④依据岗位管理规范进行岗位督导 ⑤分析处理信息		

续表

2.1.5 技师职业技能培训要求				2.2.5 技师职业技能培训课程规范			
职业功能（模块）	培训内容（课程）	技能目标	培训细目	学习单元	课程内容	培训建议	课堂学时
5．培训指导与管理	5-2 岗位管理	5-2-2 能依据家政服务员岗位管理规范进行岗位督导			4）家政服务员岗位督导注意事项 ①必须严格执行管理规范 ②必须重视岗位督导 ③坚持严格的检查和考核 ④加强专业知识培训		
课堂学时合计							148